Descobrir Jogos Online Grátis

Disponível Aqui:

BestActivityBooks.com/FREEGAMES

5 DICAS PARA COMEÇAR

1) CÓMO RESOLVER LAS SOPA DE LETRAS

Os puzzles têm um formato clássico:

- As palavras estão escondidas sem espaços ou hífenes,...
- Orientação: As palavras podem ser escritas para a frente, para trás, para cima, para baixo ou na diagonal (podem ser invertidas).
- As palavras podem sobrepor-se ou intersectar-se.

2) APRENDIZAGEM ACTIVA

Ao lado de cada palavra há um espaço para anotar a tradução. Para encorajar a aprendizagem activa, um **DICIONÁRIO** no final desta edição permitir-lhe-á verificar e expandir os seus conhecimentos. Procure e anote as traduções, encontre-as no puzzle e adicione-as ao seu vocabulário!

3) MARCAR AS PALAVRAS

Pode inventar o seu próprio sistema de marcação - talvez já use um? Pode também, por exemplo, marcar palavras difíceis de encontrar com uma cruz, palavras favoritas com uma estrela, palavras novas com um triângulo, palavras raras com um diamante, e assim por diante.

4) ESTRUTURANDO A APRENDIZAGEM

Esta edição oferece um **CADERNO DE NOTAS** prático no final do livro. Nas férias, em viagem ou em casa, pode facilmente organizar os seus novos conhecimentos sem a necessidade de um segundo caderno!

5) JÁ TERMINOU TODAS AS GRELHAS?

Nas últimas páginas deste livro, na secção **DESAFIO FINAL**, encontrará um jogo gratuito!

Rápido e fácil! Consulte a nossa colecção de livros de actividades para o seu próximo momento de diversão e **aprendizagem**, a apenas um clique de distância!

Encontre o seu próximo desafio em:

BestActivityBooks.com/MeuProximoLivro

Aos vossos lugares, preparem-se...Vão!

Sabia que existem cerca de 7.000 línguas diferentes no mundo? As palavras são preciosas.

Adoramos línguas e temos trabalhado arduamente para criar livros da mais alta qualidade para si. Os nossos ingredientes?

Uma selecção de tópicos adequados à aprendizagem, três boas porções de entretenimento, e depois acrescentamos uma colherada de palavras difíceis e uma pitada de palavras raras. Servimo-los com amor e máximo divertimento, para que possa resolver os melhores jogos de palavras e se divirta a aprender!

A sua opinião é essencial. Pode participar activamente no sucesso deste livro, deixando-nos um comentário. Gostaríamos de saber o que mais lhe agradou nesta edição.

Aqui está um link rápido para a sua página de encomendas:

BestBooksActivity.com/Avaliacoes50

Obrigado pela vossa ajuda e divirtam-se!

1 - Dirigindo

```
A S A H G L K Y K W F O G J C M
H R H D I E T H C I S R O V S O
I Q P T P N K S X M J H V X N T
F F O T S N N E R B K A R T E O
G K L U Y U N G F Q G F O S S R
A D I B M T R R A P X E T T M R
R Y Z P O A U T O S O G O R E A
A R E G N Ä G S S U F A M A R D
G K I S I C H E R H E I T N B V
E U F N A L W U S W V D M S L E
Q E W F F J R P T S Z F F P O R
S Q V H U D N V J E A W U O N K
L I Z E N Z P M W X L R T R A E
Y R J L L A F N U I T E T T H H
A D Q C K A R O X W Z K L S Q R
X Z I A A W M L O M L V F W F U
```

UNFALL	KARTE
LKW	MOTORRAD
AUTO	MOTOR
BRENNSTOFF	FUSSGÄNGER
VORSICHT	GEFAHR
STRASSE	POLIZEI
BREMSEN	SICHERHEIT
GARAGE	TRANSPORT
GAS	VERKEHR
LIZENZ	TUNNEL

2 - Antiguidades

```
M  K  V  E  R  S  T  E  I  G  E  R  U  N  G  J
E  Ö  U  I  S  H  G  E  N  J  F  K  Z  E  H  A
O  K  B  N  Y  L  D  A  H  T  I  N  T  O  Y  H
Y  D  B  E  S  I  Z  G  L  E  K  I  T  R  A  R
P  T  K  B  L  T  K  A  V  E  C  N  A  I  H  H
E  N  T  H  U  S  I  A  S  T  R  O  A  L  T  U
H  I  R  W  F  D  P  X  V  S  S  I  E  R  P  N
Q  E  E  X  Q  V  W  Y  H  K  X  T  E  E  V  D
D  Q  W  S  X  E  U  Y  M  U  G  I  S  L  U  E
O  F  D  D  L  Z  R  C  Ü  L  N  T  H  M  C  R
Q  U  A  L  I  T  Ä  T  N  P  H  S  J  M  S  T
E  L  E  G  A  N  T  E  Z  T  Y  E  Z  A  T  X
K  I  G  M  K  N  I  A  E  U  W  V  H  S  V  X
G  S  P  S  T  D  C  E  N  R  W  N  M  D  N  M
Y  K  D  E  K  O  R  A  T  I  V  I  V  A  E  O
C  U  N  G  E  W  Ö  H  N  L  I  C  H  J  E  U
```

KUNST	ARTIKEL
SAMMLER	VERSTEIGERUNG
DEKORATIV	MÖBEL
ELEGANT	MÜNZEN
ENTHUSIAST	PREIS
SKULPTUR	QUALITÄT
STIL	JAHRHUNDERT
GALERIE	WERT
UNGEWÖHNLICH	ALT
INVESTITION	

3 - Atividades

```
F  W  Y  X  I  E  N  T  S  P  A  N  N  U  N  G
Ä  C  Q  W  W  N  F  O  T  O  G  R  A  F  I  E
H  W  D  T  E  A  T  A  H  J  L  L  K  F  O  I
I  D  F  B  T  R  W  E  N  N  D  D  U  U  P  G
G  W  A  N  D  E  R  N  R  G  J  J  N  E  S  A
K  G  X  C  L  B  S  E  I  E  E  F  S  V  P  M
E  Y  E  A  R  B  Z  G  F  K  S  L  T  O  I  F
I  U  R  M  P  K  L  Ü  D  N  H  S  N  E  E  R
T  V  F  M  Ä  A  I  N  R  F  M  A  E  T  L  E
L  E  S  E  N  L  R  G  P  B  Y  W  S  N  E  I
J  A  G  D  O  Y  D  R  K  E  R  A  M  I  K  Z
W  U  H  G  E  H  C  E  Q  B  O  B  F  V  X  E
F  N  E  P  U  V  B  V  L  U  L  Z  B  U  C  I
J  O  L  Z  A  K  T  I  V  I  T  Ä  T  K  B  T
G  A  R  T  E  N  A  R  B  E  I  T  L  K  B  B
K  U  N  S  T  H  A  N  D  W  E  R  K  E  U  J
```

KUNST	GARTENARBEIT
KUNSTHANDWERK	SPIELE
AKTIVITÄT	FREIZEIT
JAGD	LESEN
WANDERN	MAGIE
KERAMIK	ANGELN
FOTOGRAFIE	GEMÄLDE
FÄHIGKEIT	VERGNÜGEN
INTERESSEN	ENTSPANNUNG

4 - Churrascos

```
M E K Z F X G U T T S G A K E S
N E I L M R J E K I P R B I I O
Y I S A G H U O M G F I E N N M
F L U S T T N C P Ü F L N D L M
G I M R E G N U H U S L D E A E
O M C M H R L Y C T E E E R D R
X A H E I S S O S S E S E U T
E F S P I E L E W C K C S F N C
M I T T A G E S S E N U E F G K
N R H J W W Z B Q D K T N E U D
W O T T Q S A L A T E V E F O V
K O R L T S H B X X D M T P O F
X H R R M W Q R G B O D A Q H Q
I C E L I H U H N E V G M V H B
I C J V G N C F U Z U O O Y W V
L I D K Z S Q B W H P D T G E W
```

MITTAGESSEN	SPIELE
EINLADUNG	GEMÜSE
KINDER	SOSSE
MESSER	MUSIK
FAMILIE	PFEFFER
HUNGER	HEISS
HUHN	SALZ
FRUCHT	SALATE
GRILL	TOMATEN
ABENDESSEN	SOMMER

5 - Pesca

```
W  Ü  B  E  R  T  R  E  I  B  U  N  G  C  F  I
S  A  J  A  H  R  E  S  Z  E  I  T  G  J  L  E
P  I  S  B  T  P  R  F  I  L  L  E  T  A  O  S
O  F  K  S  Z  P  P  S  F  L  F  L  N  U  S  X
X  N  Q  P  E  P  K  D  R  N  B  W  D  S  S  L
L  I  N  F  N  R  Z  I  V  W  L  J  Q  R  E  B
I  V  D  G  A  E  K  N  E  M  E  I  K  Ü  N  O
C  U  D  G  E  D  U  L  D  F  P  C  B  S  Z  O
U  O  V  P  Z  Ö  M  W  U  P  E  W  I  T  D  T
N  F  D  V  O  K  N  A  V  H  E  R  J  U  R  B
K  O  C  H  E  N  K  T  X  C  S  J  U  N  A  Y
S  P  W  T  E  R  O  B  V  O  B  S  D  G  H  H
I  X  Q  Y  O  M  R  Q  J  F  S  F  U  F  T  A
U  L  U  Z  A  N  B  D  N  D  N  T  L  N  K
O  G  E  W  I  C  H  T  H  D  J  T  L  S  F  E
O  N  A  B  S  T  R  A  N  D  F  J  L  H  C  N
```

WASSER	KÖDER
FLOSSEN	SEE
BOOT	KIEFER
KIEMEN	OZEAN
KORB	GEDULD
KOCHEN	GEWICHT
AUSRÜSTUNG	STRAND
ÜBERTREIBUNG	FLUSS
DRAHT	JAHRESZEIT
HAKEN	

6 - Geologia

```
K  P  Q  O  S  B  H  D  L  S  Y  F  Y  S  R  D
O  L  U  Z  I  W  R  U  W  F  T  K  I  O  A  C
N  A  M  Z  I  Z  E  W  N  Y  H  M  J  Q  C  Z
T  T  K  K  I  H  N  H  E  L  H  Ö  H  M  T  N
I  E  E  L  L  A  T  S  I  R  K  S  Ä  U  R  E
N  A  K  L  U  V  Q  P  L  Y  O  B  I  F  I  T
E  U  Z  L  H  A  Z  L  A  S  V  S  L  H  N  I
N  G  O  W  L  L  C  W  R  S  B  X  I  I  N  M
T  S  C  H  I  C  H  T  E  T  B  P  S  O  C  G
E  R  D  B  E  B  E  N  N  E  H  B  S  Y  N  A
Z  B  J  B  L  T  P  T  I  I  Q  V  O  S  N  L
Z  O  N  E  L  F  B  M  M  N  H  U  F  I  J  A
S  T  A  L  A  K  T  I  T  O  K  D  A  O  Z  T
T  I  X  E  R  C  J  Y  V  R  X  V  N  R  E  S
I  X  N  F  O  K  A  L  Z  I  U  M  C  T  Z  Z
L  Y  X  X  K  Q  H  E  V  Q  W  I  Q  P  L  N
```

SÄURE	FOSSIL
SCHICHT	LAVA
HÖHLE	MINERALIEN
KALZIUM	STEIN
KONTINENT	PLATEAU
KORALLE	QUARZ
KRISTALLE	SALZ
EROSION	ERDBEBEN
STALAKTIT	VULKAN
STALAGMITEN	ZONE

7 - Tempo

```
Q V Z N H Z J V B H T A T Y D C
L Q H A P A U A P W V J R D Q V
U H R C S T J K H X G A E D M O
C X K H W T E W U R A H D B O R
N E R T L D T N L Z R N R R O
W M G H Z N Z R A A F E U E G R
E Q Q L P W T B K E C T H D E Q
V S E O C G F L J W K F R N N V
M I T T A G R F J Ä L H H E T S
M P F E K A M D U P H N A L K T
O B W V W T O W S F G R J A O U
M H E U T E N L S X I E L K C N
E T U N I M A Q U E P T E I U D
N B O D E C T I B U W S X R C E
T W O C H E A I R E U E D J Q H
Z A B Y P C S O T X J G U E V D
```

JETZT   MORGEN
JAHR   MITTAG
VOR   MONAT
JÄHRLICH   MINUTE
KALENDER   MOMENT
JAHRZEHNT   NACHT
TAG   GESTERN
ZUKUNFT   UHR
HEUTE   WOCHE
STUNDE   JAHRHUNDERT

8 - Astronomia

```
S C H W E R K R A F T D I H S K
F I N S T E R N I S K I S H Q O
H Y D O E B B L A M P O W C M N
A S G M K I Z A V O N R E P U S
V L L S A E R U L V K E B L S T
Z I S O R U T Y S C Y T Q A R E
S D M K T U A N O R T S A N E L
C T L E B E N N L N O A H E V L
F D R E I X A L A G L E I T I A
E W Y A M O N D R W Q M T E N T
R R T C H M O N O R T S A E U I
D O T G L L I W Q I X S D H M O
E P J H G E U H V Q C C B U F N
A A P J S I G N I U J A Z X N D
R G C B M A F F G X P G L K R P
O B S E R V A T O R I U M F Z X
```

ASTEROID

ASTRONAUT

ASTRONOM

HIMMEL

KONSTELLATION

KOSMOS

FINSTERNIS

RAKETE

GALAXIE

SCHWERKRAFT

MOND

METEOR

NEBEL

OBSERVATORIUM

PLANET

STRAHLUNG

SOLAR

SUPERNOVA

ERDE

UNIVERSUM

9 - Acampamento

```
F E W N A T U R J I U P V T X M
Y E J A G D S H L T Q L A I Y X
O E U C R C A V N M L A N E W K
B S P E Y T L Q R D R T O R F A
N Q O C R S S A P M O K E E K B
A S G D D E G B M Q O E J Q P I
K D N O M U X E X V W S J Z S N
A E U L L C Z N A G A N I C O E
Y F T K A N U T U H L I S E I L
B V S L G S A E N X D H T A V O
E E Ü Z Y Y Z U K A R T E B H B
B J R K U T V E O A G L F J P N
A Ä S G E F K R L P I E O R Q X
Z G U K W Q K Z D Z J Z I K I Y
M E A M O P L B M D F R A L X Z
I H V P E T T A M E G N Ä H F I
```

TIERE	WALD
ABENTEUER	FEUER
BÄUME	INSEKT
KOMPASS	SEE
KABINE	MOND
JAGD	HÄNGEMATTE
KANU	KARTE
HUT	BERG
SEIL	NATUR
AUSRÜSTUNG	ZELT

10 - Ficção Científica

```
Q K E X T R E M U T O P I E I F
U I D A F J R C Z F E R N A M U
L N O I S U L L I N F H D H A T
Q O L L O V S I N M I E H E G U
G M V I Q Y W X P Y I X J I I R
M A Z U K P N E V R D J B N N I
L Y L O J I U I L E K A R O Ä S
I U B A A O K G T T Q J E I R T
K H Z T X D X O S O K V U S Y I
M L G L Q I V L R B S V E O T S
B Ü C H E R E O B O H J L L I C
F E U E R J S N C R P S M P F H
P L A N E T M H R P W K S X N R
H O S F A E R C I M O T A E L X
S G H A Q X D E I P O T S Y D P
V B B H C S I T S A T N A F E Q
```

ATOMIC
KINO
FERN
DYSTOPIE
EXPLOSION
EXTREM
FANTASTISCH
FEUER
FUTURISTISCH
GALAXIE

ILLUSION
IMAGINÄR
BÜCHER
GEHEIMNISVOLL
WELT
ORAKEL
PLANET
ROBOTER
TECHNOLOGIE
UTOPIE

11 - Mitologia

```
K R E A T U R D G S W G X S O B
Q A M K R E A T I O N Q V H C M
Z P K Z D N Y U M Q D P Y Q C F
Z O V Z J T A E A R L Y A R N E
T R I U M P H I E R E N D L E H
I E K R Ä T S R H D Q J L B T P
L T U O V U O A A A D I E T L O
B S L X X C F Q B C Z R G A A R
M N T M A G I S C H H G E I H T
G O U F A Y V G X I U E N D R S
P M R W E V R K P Q V Z D O E A
I Q E I F E R S U C H T E N V T
S T E R B L I C H Y O T M N D A
L A B Y R I N T H Q M T V E D K
K R I E G E R H E L D I N R D R
A R C H E T Y P S I N L U J S B
```

ARCHETYP	HELD
EIFERSUCHT	LABYRINTH
VERHALTEN	LEGENDE
KREATION	MAGISCH
KREATUR	MONSTER
KULTUR	STERBLICH
KATASTROPHE	BLITZ
STÄRKE	TRIUMPHIEREND
KRIEGER	DONNER
HELDIN	RACHE

12 - Medições

```
V J X X A D A L A H S I K Z Z C
T E J C G R A M M B W N I E X U
I N I Z C E V R B V D Z L N Z K
Q Z A X Z T W D G S D A O T W I
H Ö H E T I E R B L C L M I G L
M E N I H L Z O V G U D E M L O
B A S J C G C R X W Q M T E D G
Z X S J I V K A D C U G E T B R
Y J J S W O E T U N I M R E W A
R A N F E L N Z M S B N G R T M
S T X P G U N O N L Ä N G E I M
R O F B C M O L P U H A E N E G
B Y T E O E T L A M I Z E D F R
I A N W F N B Q U W E U X W E S
M E T E R X T O V Y I Z D K O Q
W L V D A H Y G B R B A U W N X
```

HÖHE	METER
BYTE	MINUTE
ZENTIMETER	UNZE
LÄNGE	GEWICHT
DEZIMAL	ZOLL
GRAMM	TIEFE
GRAD	KILOGRAMM
BREITE	KILOMETER
LITER	TONNE
MASSE	VOLUMEN

13 - Álgebra

```
M T N O I T K A R T B U S D B L
R A A N P P L E M R O F G I Q Ö
H W T M M W A R G H U K M N U S
V L Y R A G M E L B O R P O V U
X A G Z I K M E X P O N E N T N
G T R T K X E M M U S C G D K G
L L U I U C R I A E N I N I G U
E E Z R A E N I L L U N E A Q G
I E F Z V B Y K P Y W V M G M U
C M D V I D L P P T Q R A R F V
H L T S X A X E W O Z K S A A N
U B R U C H T E I L C H F M K U
N V E R E I N F A C H E N M T M
G M A M H J A X E C U Q C X O M
F A L S C H C I L D N E N U R E
I T F G Y J M S J E G X J E W R
```

DIAGRAMM	NUMMER
GLEICHUNG	KLAMMERN
EXPONENT	PROBLEM
FALSCH	MENGE
FAKTOR	VEREINFACHEN
FORMEL	LÖSUNG
BRUCHTEIL	SUMME
UNENDLICH	SUBTRAKTION
LINEAR	VARIABLE
MATRIX	NULL

14 - Plantas

```
B D U S N S T V B A M B U S B B
U L B O P Z I X E F E U M U E O
A A U O F Q U N N X R F O T E J
L W D M H E J O N D G K N K R S
C H V X E N U I D T Ü I S A E G
T T A L B N E T Ü L B N U K X A
Z T V Y B R M A J E B A G Y W R
W V X T U S R T O Z F T X E A T
J B B E S H C E E R D O N X R E
G R A S C I F G Q U D B A K O N
B G F M H V Q E O W Z L X K L W
K P I C M D W V I S H R W A F L
B A U M O X B F W R X A J I S S
D F M Z F K R A U T B I D H K W
Y S M Y F E I F I C S R U U H I
L F A E A U U A X F C B D U N X
```

BUSCH	FLORA
BAUM	WALD
BEERE	LAUB
BAMBUS	GRAS
BOTANIK	EFEU
KAKTUS	GARTEN
KRAUT	MOOS
BOHNE	BLÜTENBLATT
DÜNGER	WURZEL
BLUME	VEGETATION

15 - Veículos

```
K R A N K E N W A G E N A V M J
H U B S C H R A U B E R Y Q O R
Y F K H T R A K T O R B Y C T Z
C L H R E I F E N Y A C P K O B
X O T U A X W Y D F V G H Z R S
E S X I M A F T J V X X G T T P
R S E G F T Q C B E A H L R Y U
F M I U N Ä L W K L G M I O P P
Q B F E V A H T O O B U Z V E J
H S C Z Z D A R R H A F B O O T
V R I G X Q U W E G N S P P C L
K U O U B A H N T N Q W J Q B C
I Q E L Y M A P E G K I A Y C K
D I Z F L R P O K W X S D G O S
U Q B J E E A H A F Q M V D E Y
D U E B U S R Q R U I G Q O N N
```

KRANKENWAGEN
FLUGZEUG
FÄHRE
BOOT
FAHRRAD
LKW
WOHNWAGEN
AUTO
RAKETE
VAN

HUBSCHRAUBER
FLOSS
ROLLER
U-BAHN
MOTOR
BUS
REIFEN
U-BOOT
TAXI
TRAKTOR

16 - Engenharia

```
G X H E G N U N H C E R E B V A
J L E F L L X X D E S H C A E K
G Y D X T Ä T I L I B A T S R O
G B M Z I R Q E I G R E N E T N
D U R C H M E S S E R R L X E S
S G N R U H Z E E D D T F Y I T
S R E I B U N G J D T Q V U L R
T I E K G I S S Ü L F I A O U U
R D K I F M X B U E E Q E Q N K
U I R O T O M B V K N S E F G T
K A Ä L X Y K L K N I Y E M E I
T G T O P X C Q J I H O F I E O
U R S D V N G E Z W C O R K D N
R A U J T Z E G N U S S E M H O
M M A N T R I E B L A Y A W I X
C M G O M C S P K M M W O M U J
```

HEBEL	ENERGIE
REIBUNG	STABILITÄT
WINKEL	STRUKTUR
BERECHNUNG	STÄRKE
KONSTRUKTION	FLÜSSIGKEIT
DIAGRAMM	MASCHINE
DURCHMESSER	MESSUNG
DIESEL	MOTOR
VERTEILUNG	TIEFE
ACHSE	ANTRIEB

17 - Restaurante # 2

```
I  T  H  M  B  Q  V  O  S  F  J  M  H  G  H  X
F  D  D  R  Z  K  S  V  A  R  E  N  L  L  E  K
I  M  N  E  H  C  U  K  L  U  C  V  E  H  A  Q
S  I  E  U  A  W  Z  K  Z  C  K  O  F  U  B  Y
C  C  K  B  D  F  P  N  W  H  T  R  F  T  E  Y
H  D  R  N  Z  E  J  N  E  T  D  S  Ö  S  N  G
C  G  P  I  Ä  G  L  O  S  B  Z  P  L  P  D  Q
W  A  S  S  E  R  A  N  Ü  F  G  E  F  F  E  H
M  A  U  T  R  F  T  B  M  K  E  I  X  O  S  Z
U  Q  S  L  H  L  C  E  E  G  W  S  S  S  S  Y
K  Ö  S  T  L  I  C  H  G  L  Ü  E  A  U  E  R
S  J  Z  T  Y  O  V  J  R  F  R  Z  L  P  N  E
F  Z  D  D  X  N  G  E  H  E  Z  D  A  P  Q  D
V  X  M  D  D  B  O  X  G  K  E  Z  T  E  S  R
M  I  T  T  A  G  E  S  S  E  N  V  Y  D  M  Z
S  Q  I  T  C  J  Q  S  F  A  O  J  V  T  E  Z
```

MITTAGESSEN	KELLNER
VORSPEISE	GABEL
WASSER	EIS
GETRÄNK	ABENDESSEN
KUCHEN	GEMÜSE
STUHL	NUDELN
LÖFFEL	FISCH
KÖSTLICH	SALZ
GEWÜRZE	SALAT
FRUCHT	SUPPE

18 - Países #2

```
M M F B A I L A M O S Y K D D P
Z E Y P L L N E I R Y S O N Ä A
G X L H B M V D L Y J U M A N K
R I I E A K K H O V Q K S L E I
U K B R N D W U O N H F G N M S
U O A Y I Z R C L J E Y H E A T
T X N D E A A U Z B Y S C H R A
N L O Y N C J I S B K G I C K N
I E N I A R K U O S N H E E T J
U R J A M A I K A T L D R I N J
R D L U M H F P L X A A K R C A
T L M A I R E G I N P D N G P P
A U C H N W E A L R E N A D A A
C B F A X D F W T O N A R J Q N
O N H A I T I J L P E G F P K A
D L L B N D R Z T V K U V A H G
```

ALBANIEN
DÄNEMARK
FRANKREICH
GRIECHENLAND
HAITI
INDONESIEN
IRLAND
JAMAIKA
JAPAN
LAOS

LIBANON
MEXIKO
NEPAL
NIGERIA
PAKISTAN
RUSSLAND
SYRIEN
SOMALIA
UKRAINE
UGANDA

19 - Números

```
D  K  U  B  B  T  R  E  U  G  F  D  Q  N  Q  Y
U  R  E  I  V  I  Y  O  A  C  H  T  R  H  Q  R
F  J  E  A  I  X  L  O  F  D  S  T  L  E  Z  A
E  E  H  I  Q  X  W  Z  Ü  E  I  D  L  Z  I  J
I  C  H  V  Z  P  V  W  N  Z  E  P  I  R  Q  X
N  Y  Z  Y  B  E  S  E  F  I  B  K  O  E  S  A
S  N  U  L  L  E  H  I  Z  M  Z  N  N  I  F  S
M  L  G  X  C  G  Z  N  E  A  E  E  H  V  N  I
Z  W  A  N  Z  I  G  Q  H  L  H  U  E  E  A  E
Z  W  Ö  L  F  F  Z  Z  N  D  N  N  Z  W  Z  B
J  H  L  J  F  B  U  S  I  I  E  C  T  J  U  E
E  P  D  S  E  C  H  S  F  Ü  N  F  H  P  H  N
U  S  P  P  T  J  F  B  Q  F  T  A  C  L  T  X
M  F  T  C  U  T  H  Y  C  W  W  V  A  U  D  O
S  E  C  H  Z  E  H  N  W  V  I  D  T  T  L  G
E  A  Q  Q  U  B  K  I  X  T  X  G  U  C  O  H
```

FÜNF	VIERZEHN
DEZIMAL	VIER
ZEHN	FÜNFZEHN
SECHZEHN	SECHS
SIEBZEHN	SIEBEN
ACHTZEHN	DREIZEHN
ZWEI	DREI
ZWÖLF	EINS
NEUN	ZWANZIG
ACHT	NULL

20 - Física

```
E V Q F H L I U U I Q B Q G Q I
L Ü K E L O M H P O T R Q O K U
E D E A S R S Z L K S M O T A S
K I N A H C E M K R F A I O W U
T C H E M I S C H T T S O A H C
R F N B L M Q O S V Ä S A G L G
O E R U N S U M S I T E N G A M
N K X E K S H Y M Y I I T Y T R
L M X P Q L A S R E V I N U D G
K V Z G A U E T H C I D L D Z Z
M K R E R N E A Q P T K A C A A
F O R M E L S N R Y A M O T O R
G E S E T Z E I Z T L M X A Z J
R S C P N M V U O A E I A B N M
P A R T I K E L M N R H C R H S
S C H W E R K R A F T Y B Z L K
```

ATOM	MAGNETISMUS
CHAOS	MASSE
DICHTE	MECHANIK
ELEKTRON	MOLEKÜL
EXPANSION	MOTOR
FORMEL	NUKLEAR
FREQUENZ	PARTIKEL
GAS	CHEMISCH
SCHWERKRAFT	RELATIVITÄT
GESETZE	UNIVERSAL

21 - Especiarias

```
F E N C H E L I R R F Y Z S G D
P P U U N K X N S H X K F A B E
J Z B F K T D G C U R R Y L X S
C E Y Z A O E W W X Q C Z Z E S
Z H Z V X E L E T U B M K J S U
K K K N M Q Z R E F F E F P K N
V B G E S C H M A C K S Y A G T
S I V C Y R K N O B L A U C H A
A T A A K L E M M Ü K Z U E R K
U T N H Z E Z D Q E W Z D V H S
E E I V J B T U N S D G V X G U
R R L H J E I S K A R D A M O M
S Y L Z K I R N Ü R I W C F K G
I U E D L W K S J S V R N H G V
A N I S U Z A J U R S L O Y L J
S A F R A N L Z I M T R J K M V
```

SAFRAN	ZWIEBEL
LAKRITZE	KORIANDER
KNOBLAUCH	KREUZKÜMMEL
BITTER	SÜSS
ANIS	FENCHEL
SAUER	INGWER
VANILLE	MUSKATNUSS
ZIMT	PFEFFER
KARDAMOM	GESCHMACK
CURRY	SALZ

22 - Países #1

```
H O K Q M M N R W B H Z V K I B
M Q Z O W T V K M K E S P A T R
E C U A D O R D N R W T H N A A
N Q U R A C X F R O G N W A L S
F L I I L Y W Q K I R K C D I I
D E U T S C H L A N D W W A E L
I S R A E L F Z R E E R E S N I
P A N A M A N I I I Q I L G N E
J D H T G G E U N D W Q N V E N
P S F U J E W O V N F R I A T N
O I O A I N L M B I L A M J P T
L L U L X E Y O U T B A V D Y S
E L A H C S D O B M A K N J G Q
N L N M N I C A R A G U A D Ä E
M A R O K K O V E N E Z U E L A
G Q X P W J J E P D O O T H W H
```

DEUTSCHLAND	ITALIEN
BRASILIEN	INDIEN
KAMBODSCHA	MALI
KANADA	MAROKKO
ÄGYPTEN	NICARAGUA
ECUADOR	NORWEGEN
SPANIEN	PANAMA
FINNLAND	POLEN
IRAK	SENEGAL
ISRAEL	VENEZUELA

23 - Casa

```
T E P P I C H D V L C M Z V Z S
T I F F V Z C J O N B Ö Z B T C
K O Q E Z T Q S R A O B U I C H
U Ü L Y N U A Z H I Z E K B P L
T V C K Q S Q H A E N L A L H Ü
Q R F H V R T B N L P C M I T S
E C I W E Y D E G T Ü R I O G S
S P I E G E L A R V F L N T A E
C O U H X A Q X C D I D Z H R L
T F L C G T E Q V H V G I E A B
E K P S A W K Q T Q B E I K G E
B I T U R E M M I Z M O B K E S
T E F D T M W S J F T M D F T E
H W W Q E K C E D O E W N E E N
N V Q A N H A H R E S S A W N J
D D L S Q W N P G F D N W T G B
```

BIBLIOTHEK	KAMIN
ZAUN	MÖBEL
SCHLÜSSEL	WAND
DUSCHE	TÜR
VORHANG	ZIMMER
KÜCHE	DACHBODEN
SPIEGEL	TEPPICH
GARAGE	DECKE
FENSTER	WASSERHAHN
GARTEN	BESEN

24 - Vegetais

P	I	L	Z	M	L	R	K	K	K	J	P	L	C	J	F
W	K	E	K	W	U	J	T	A	L	A	S	U	J	P	J
Q	Y	Q	V	J	V	S	W	R	K	N	R	J	M	Y	B
D	Z	Z	Q	F	S	H	E	T	P	Ü	Z	O	U	K	B
O	M	Q	E	R	I	C	W	O	T	B	R	Z	T	M	U
S	E	L	L	E	R	I	E	F	R	R	A	B	X	T	A
T	S	K	X	R	O	T	I	F	P	O	R	A	I	A	E
E	B	Ü	R	O	T	T	N	E	E	K	T	U	H	S	N
N	R	C	J	U	D	E	G	L	T	K	I	B	C	J	L
L	E	N	Y	G	G	R	W	N	E	O	S	E	X	H	P
Z	W	I	E	B	E	L	E	J	R	L	C	R	D	R	F
S	P	I	N	A	T	G	R	E	S	I	H	G	J	X	T
K	N	O	B	L	A	U	C	H	I	F	O	I	L	O	J
X	U	O	D	J	M	Y	S	M	L	H	C	N	Z	O	M
S	C	H	A	L	O	T	T	E	I	F	K	E	D	M	L
L	D	V	M	C	T	D	P	A	E	C	E	P	X	O	P

KÜRBIS
SELLERIE
ARTISCHOCKE
KNOBLAUCH
KARTOFFEL
AUBERGINE
BROKKOLI
ZWIEBEL
KAROTTE
SCHALOTTE

PILZ
ERBSE
SPINAT
INGWER
RÜBE
GURKE
RETTICH
SALAT
PETERSILIE
TOMATE

25 - Balé

```
A F A J K K R B T E W A G P K L
K Ü N S T L E R I S C H E R O L L
I B I U D E T A S K U G S A M O
B M R A A H S A N A F S T X P V
O C E L X T E Z S M N A E I O S
J J L P J M H C A S U P D S N K
P B L P O R C B P D A T W V I C
N E A A N J R B C E M L I T S U
X E B O R P O M U S I K O G T R
P U B L I K U M T E C H N I K D
H S O E D U B M R H Y T H M U S
G I B S D Q D M N I W X C T H U
F Ä H I G K E I T R S A U O A A
A A W E I H P A R G O E R O H C
T Ä N Z E R W D W K L H M K B V
I N T E N S I T Ä T O O E H S G
```

APPLAUS   ANMUTIG

KÜNSTLERISCH   FÄHIGKEIT

BALLERINA   INTENSITÄT

KOMPONIST   MUSIK

CHOREOGRAPHIE   ORCHESTER

TÄNZER   PRAXIS

PROBE   PUBLIKUM

STIL   RHYTHMUS

AUSDRUCKSVOLL   SOLO

GESTE   TECHNIK

26 - Adjetivos #1

```
L L L O V S I N M I E H E G Y D
M A J Y N G Q J I D P Y D R G U
A O K A R O M A T I S C H O Z N
S B T K E F R E P Z S B C S K K
G C D U D X Q J J Z O D S S Ü E
N Z H H O S O G E M R V I Z N L
A E C W M Z A T S L G X T Ü S E
L O I J E D T X I H G B N G T Z
L H L H L R T L T S N R E I L N
O V R B Q Q R C Q O C H D G E U
V I H R N J A H L Y T H I I R Z
T F E F Q M K A B S O L U T I X
R I E S I G T D F T I R U H S P
E D Q T B T I T Ü Z R Z E C C L
W Z W Y H M V L J N H M E I H L
P H D G X X T X T O N X G W F V
```

ABSOLUT	EHRLICH
AROMATISCH	IDENTISCH
KÜNSTLERISCH	WICHTIG
ATTRAKTIV	LANGSAM
RIESIG	GEHEIMNISVOLL
DUNKEL	MODERN
EXOTISCH	PERFEKT
DÜNN	SCHWER
GROSSZÜGIG	ERNST
GROSS	WERTVOLL

27 - Paisagens

```
W W E O S G G L E S N I J W O A
X Z E Z R P R E E M U V Q J A T
O G N E W I E L S O W M S Y P E
K T D A T O B H E A A S P W R I
H N U N P H S Ö X S A N I F M I
C G G X A N I H Z E A P X L W X
R T Y B P R E Y K P O C N O X E
C B A K M H T D N B K P J G W D
E S T B U Ü S S R U Z W F R G F
T A L E U G W A S S E R F A L L
S R T R R E H C S T E L G P V F
Ü D W G F L E S N I B L A H U Y
W N X E Y L D L G Y A V E I L Z
B U T K U P U Y H F D W O H K N
P T H C S S A S X P N Y P B A Y
L M H E Z Y S E S D P J Q B N N
```

WASSERFALL	BERG
HÖHLE	OASE
HÜGEL	OZEAN
WÜSTE	SUMPF
GLETSCHER	HALBINSEL
GOLF	STRAND
EISBERG	FLUSS
INSEL	TUNDRA
SEE	TAL
MEER	VULKAN

28 - Dança

```
T C A B O A G H C S I S S A L K
V R S X U S V A G R W R G M R Q
I Y A S T U D L Y D I B F B A J
S P I D E M A T N F V U M G D P
U O I T I H P U B Z G U X N C A
E D Y O M T K N O I T O M E K Z
L A C R E Y I G N U G E W E B J
L N X B D H X O C E E U V H P M
C M S C A R R E N T R A P G R U
L U U J K Z N Z R E P R Ö K O S
R T R C A T R K T N L Z G I B I
U K U L T U R E L L O L F I E K
T C H O R E O G R A P H I E C E
L S N C F R E U D I G T G Q B E
U M A U S D R U C K S V O L L I
K U N S T S P R I N G E N U B N
```

AKADEMIE
FREUDIG
KUNST
KLASSISCH
CHOREOGRAPHIE
KÖRPER
KULTUR
KULTURELL
EMOTION
PROBE

AUSDRUCKSVOLL
ANMUT
BEWEGUNG
MUSIK
PARTNER
HALTUNG
RHYTHMUS
SPRINGEN
TRADITIONELL
VISUELL

29 - Nutrição

```
U T F E R M E N T A T I O N M G
F O F R S F H W L T P F K G H E
L X O B B S S P A F D C Q I X W
F I T X B B O D S Q Z X T M K I
Y N S G W W C S N S M V I E A C
E V R G N U U A D R E V E S L H
A I H T K V U P Q I M P H S O T
U T Ä F X K X P P G Y B D B R F
S A N Q B N U E M R K Y N A I W
G M P J U Z F T D L O B U R E O
E I T Q B A D I I J B T S W N V
W N B U G D L T Ä O A C E K A B
O G E S U N D I T Y G L G I N H
G B I T T E R Y T G I P F B N U
E M D R G B K T S Ä I A I U O E
N G E S C H M A C K T Q X G E W
```

BITTER	NÄHRSTOFF
APPETIT	GEWICHT
KALORIEN	PROTEINE
ESSBAR	QUALITÄT
DIÄT	GESCHMACK
VERDAUUNG	GESUND
AUSGEWOGEN	GESUNDHEIT
FERMENTATION	TOXIN
SOSSE	VITAMIN

30 - Energia

```
Q T N D S J E U P Z A M N S G O
D U H I R X H J K I Z S O B A T
B R C E Y G I X A L O B E T J N
Q B S S T N T W I N D G J W O V
R I I E E U Z E L E K T R O N R
A N R L J Z E N U K L E A R I K
B E T Y C T B A T T E R I E Z O
R R K E U U H X E T R Z V N H
E V E R C M P L K R H M F O E L
U O L N C H W L C W Z O Q N B E
E Y E Y N C B E J J S D P Q U N
N E K G P S S N L J W B J W P S
R E I P O R T N E T R C Y E H T
E M O R V E A O L R T C M D G O
E X G V D V H S F P H O T O N F
I N D U S T R I E F E E V X X F
```

UMWELT
BATTERIE
HITZE
KOHLENSTOFF
BRENNSTOFF
DIESEL
ELEKTRISCH
ELEKTRON
ENTROPIE
PHOTON

BENZIN
INDUSTRIE
MOTOR
NUKLEAR
VERSCHMUTZUNG
ERNEUERBAR
SONNE
TURBINE
WIND

31 - Disciplinas Científicas

```
A N I E I G O L O R O E T E M S
I S T H E R M O D Y N A M I K O
L A T E U W M X V Z G D V G H Z
S I B R Ö K O L O G I E H O T I
T H N B O C H E M I E E L L X O
E S I G Y N O I Z V E I E O U L
V B Q N U Q O N Z N I G I E E O
X E W C Z I A M B A G O G G T G
O O E S L U S E I G O L O I B I
B O T A N I K T C E L O L U J E
A N A T O M I E I E A H O B D B
B I O C H E M I E K R C N B C B
A R C H Ä O L O G I E Y U O G H
N E U R O L O G I E N S M N J G
Z O O L O G I E D B I P M C F T
I C C I I R A F H I M O I M Z T
```

ANATOMIE
ARCHÄOLOGIE
ASTRONOMIE
BIOLOGIE
BIOCHEMIE
BOTANIK
ÖKOLOGIE
GEOLOGIE
IMMUNOLOGIE

LINGUISTIK
METEOROLOGIE
MINERALOGIE
NEUROLOGIE
PSYCHOLOGIE
CHEMIE
SOZIOLOGIE
THERMODYNAMIK
ZOOLOGIE

32 - Meditação

```
A T M U N G M H A L T U N G C L
K S R T E A L U W G A C E L A E
C Y L H K N U H S D V R A A M R
Ü H N U N N E D E I R F U L Q N
L L Z Y A A V V B D K M D H V E
G E P B D H I E E A I U T C I N
E L H J E M T R W N G E A A O G
H L D R G E K S E K E E Y W I F
K I W U E S E T G B I R H Y Q Y
V T R T A B P A U A S J S M C J
J S S A W O S N N R T A U M N U
A W A N U I R D G K I S J H N V
S M O G J C E E U E G E A U G M
R X S P G N P K V I G I K X M Y
M I T G E F Ü H L T U G Z Q I P
K L L K L A R H E I T P M Y N L
```

ANNAHME

WACH

LERNEN

RUHIG

KLARHEIT

MITGEFÜHL

LEHRE

GLÜCK

DANKBARKEIT

GEISTIG

VERSTAND

BEWEGUNG

MUSIK

NATUR

FRIEDEN

GEDANKEN

PERSPEKTIVE

HALTUNG

ATMUNG

STILLE

33 - Artes Visuais

```
V  Z  G  B  E  R  E  L  T  S  N  Ü  K  S  S  K
P  E  R  S  P  E  K  T  I  V  E  H  R  K  C  R
I  D  O  M  V  U  V  L  E  S  E  O  E  U  H  E
O  L  W  Q  E  L  A  A  D  T  Z  L  I  L  A  A
A  Ä  M  P  A  I  V  C  T  I  H  Z  D  P  B  T
Q  M  Z  O  B  R  S  K  R  F  H  K  E  T  L  I
Q  E  N  O  W  W  C  T  C  T  J  O  L  U  O  V
W  G  K  T  Q  D  Y  H  E  B  Y  H  I  R  N  I
Z  G  L  O  J  E  M  H  I  R  K  L  Q  X  E  T
S  T  A  F  F  E  L  E  I  T  W  E  X  M  P  Ä
I  T  F  I  T  S  I  E  L  B  E  E  E  W  Q  T
Z  I  O  E  I  W  F  Q  W  D  R  K  R  Y  N  A
K  E  R  A  M  I  K  W  A  C  H  S  T  K  O  G
Z  I  L  U  A  Y  Y  A  T  O  N  Q  Y  U  N  J
F  Q  L  E  P  P  O  R  T  R  Ä  T  P  A  R  N
B  M  R  Q  H  G  J  T  Y  W  W  Q  Z  L  J  V
```

TON	SCHABLONE
ARCHITEKTUR	FILM
KÜNSTLER	FOTO
STIFT	KREIDE
HOLZKOHLE	BLEISTIFT
STAFFELEI	MEISTERWERK
WACHS	PERSPEKTIVE
KERAMIK	GEMÄLDE
KREATIVITÄT	PORTRÄT
SKULPTUR	LACK

34 - Instrumentos Musicais

```
C  J  I  B  N  O  H  P  O  X  A  S  P  P  O  X
E  B  B  D  Z  B  S  U  U  J  Z  C  E  I  W  B
L  Q  C  S  R  O  D  M  V  E  N  U  A  S  O  P
L  B  K  V  L  E  M  M  O  R  T  A  G  I  T  G
O  B  C  G  J  T  B  L  Q  S  S  W  B  R  E  B
Q  R  O  W  H  E  T  A  M  B  U  R  I  N  T  S
K  T  T  U  O  P  P  B  L  A  N  E  T  D  U  C
N  L  P  O  M  M  J  M  V  J  S  I  N  F  C  H
B  G  A  N  U  O  F  I  A  P  E  V  V  L  P  L
L  N  I  R  E  R  D  R  A  A  P  A  V  Ö  H  A
T  O  M  T  I  T  W  A  M  F  X  L  A  T  Z  G
V  G  X  L  A  N  V  M  N  H  I  K  G  E  X  Z
P  W  A  S  P  R  E  M  U  F  A  G  O  T  T  E
G  E  I  G  E  I  R  T  B  V  V  S  M  O  Q  U
S  R  W  G  U  Q  Y  E  T  E  L  R  J  Z  X  G
M  A  N  D  O  L  I  N  E  E  H  A  R  F  E  A
```

MANDOLINE	SCHLAGZEUG
BANJO	KLAVIER
KLARINETTE	SAXOPHON
FAGOTT	TROMMEL
FLÖTE	POSAUNE
GONG	TROMPETE
HARFE	GITARRE
MARIMBA	GEIGE
OBOE	CELLO
TAMBURIN	

35 - Adjetivos #2

```
A A G Z W K R E A T I V M S D K
U E N J K P Y P Q L C X A A P W
T H C K W H G C W C S V T L R Z
H M K S I E U X K N H D T Z O O
E X H L L I I U P O Q N N I D C
N N X Ü D S R P D K I J A G U H
T V S O R S U L Y E A S S S K N
I N G X C E N D I C K O S T T V
S O O F T T B A G E B T E O I R
C R E K H B F Z T F C Y R L V W
H M Y L R E I N O Ü B C E Z S O
K A Q N E A V I P X R S T A R K
S L Y N T G Z P B F Q L N A G U
R F H V D W A O P D B U I D L Q
G E S U N D T N O O K Y N C B B
T R O C K E N V T X T W J S H Y
```

AUTHENTISCH	NEU
KREATIV	STOLZ
BEGABT	PRODUKTIV
ELEGANT	REIN
BERÜHMT	HEISS
STARK	SALZIG
DICK	GESUND
INTERESSANT	TROCKEN
NATÜRLICH	WILD
NORMAL	

36 - Roupas

```
H A N D S C H U H E S U L B C H
P L E T N A M Y E G K I V P R A
U R Y W A A O U Z D Q C D Z Q L
L A O N E L A D N A S H A S N S
L K G C J K X M S Y C O A J S K
O A A V K S O C K E N V Q J C E
V R G U Z N A F A L H C S W H T
E B I T L H J M O D E F U N Ü T
R M U G T O Z T U N U T U H R E
S C H U H S G Q T A P K R J Z Q
O R R D I E L K U B G L J Ü E D
L R M F O M R L C M N X G N G F
E S X E L B Q W C R D Y I L T N
M M B Z X B U V M A T G X E X Y
I R S S K F D X Q K W J P O X G
H Z M Y T I Y E T F E H E M D H
```

SCHÜRZE   HANDSCHUHE
BLUSE   SOCKEN
HOSE   MODE
HEMD   SCHLAFANZUG
MANTEL   ARMBAND
HUT   ROCK
GÜRTEL   SANDALEN
HALSKETTE   SCHUH
JACKE   PULLOVER
JEANS   KLEID

37 - Herbalismo

```
T  M  K  V  P  N  T  B  K  R  B  H  J  Q  J  A
H  A  V  N  I  R  A  M  S  O  R  L  R  O  A  O
Y  J  G  A  O  F  J  U  W  Z  Y  E  U  Y  T  R
M  O  J  R  N  B  Y  G  P  H  T  H  Q  M  F  E
I  R  D  F  T  S  L  Y  M  C  M  C  U  I  E  G
A  A  C  A  U  K  T  A  T  U  Z  N  A  D  Z  A
N  N  D  S  I  R  Y  N  U  D  M  E  L  E  N  N
G  E  S  C  H  M  A  C  K  C  L  F  I  S  A  O
L  B  A  S  I  L  I  K  U  M  H  Z  T  T  L  K
W  A  P  E  T  E  R  S  I  L  I  E  Ä  R  F  G
G  A  V  G  A  R  T  E  N  Ü  R  G  T  A  P  Q
D  L  N  E  O  P  D  V  R  Z  F  K  T  G  S  U
R  O  B  F  N  M  H  C  S  I  T  A  M  O  R  A
G  H  F  A  A  D  U  Z  L  R  S  N  P  N  U  M
C  O  U  F  K  W  E  Q  L  S  T  T  M  U  S  Q
X  L  Q  T  F  A  H  L  I  E  T  R  O  V  O  T
```

SAFRAN	LAVENDEL
ROSMARIN	BASILIKUM
KNOBLAUCH	MAJORAN
AROMATISCH	OREGANO
VORTEILHAFT	PFLANZE
ESTRAGON	QUALITÄT
BLUME	GESCHMACK
FENCHEL	PETERSILIE
ZUTAT	THYMIAN
GARTEN	GRÜN

38 - Arqueologia

```
T  P  B  A  O  M  P  J  S  V  C  I  D  H  R  K
E  L  B  W  U  X  S  K  V  U  M  X  W  D  L  F
M  K  N  R  O  S  S  E  F  O  R  P  Y  R  K  Z
P  T  D  F  P  I  W  T  Q  U  P  H  O  P  T  I
E  H  E  Z  K  N  T  E  M  M  O  K  H  C  A  N
L  B  X  F  U  M  A  H  R  A  O  S  R  U  P  E
B  U  P  T  K  I  L  E  R  T  N  I  X  V  M  S
U  N  E  F  K  E  Y  J  Y  R  U  A  B  S  E  S
X  B  R  A  Y  H  D  S  H  L  F  N  L  E  Q  E
M  E  T  H  I  E  T  K  E  J  B  O  G  Y  U  G
Ä  K  E  C  R  G  F  O  R  S  C  H  E  R  S  R
R  A  G  S  G  Z  C  C  B  O  D  J  I  B  G  E
A  N  R  N  O  I  T  A  S  I  L  I  V  I  Z  V
A  N  A  N  E  H  C  O  N  K  F  O  S  S  I  L
R  T  B  A  A  N  T  I  Q  U  I  T  Ä  T  T  D
L  I  S  M  A  M  I  I  W  B  A  J  A  Z  N  I
```

ANALYSE	FOSSIL
ANTIQUITÄT	FORSCHER
AUSWERTUNG	GEHEIMNIS
ZIVILISATION	OBJEKTE
NACHKOMME	KNOCHEN
UNBEKANNT	PROFESSOR
MANNSCHAFT	RELIKT
ÄRA	TEMPEL
EXPERTE	GRAB
VERGESSEN	

39 - Esporte

```
N  F  U  U  I  E  V  H  M  F  A  G  M  M  P  A
M  D  H  J  L  W  L  Y  Q  F  C  E  U  E  R  U
U  N  A  T  H  L  E  T  I  Z  V  S  S  T  O  S
J  X  U  W  R  A  I  T  B  N  C  U  K  A  G  D
S  O  G  C  C  P  Z  D  X  Q  Q  N  E  B  R  A
X  P  G  N  U  R  H  Ä  N  R  E  D  L  O  A  U
S  E  O  G  T  R  A  I  N  E  R  H  U  L  M  E
P  N  E  R  E  I  M  I  X  A  M  E  F  I  M  R
T  P  C  C  T  N  M  D  Z  P  D  I  Ä  S  K  K
Ä  A  O  E  C  Q  O  U  X  W  J  T  H  C  N  Ö
I  X  N  E  R  H  A  F  D  A  R  E  I  H  O  R
D  Z  E  Z  E  N  O  H  M  Q  C  U  G  E  C  P
O  Y  L  S  E  N  O  P  B  Z  Z  A  K  R  H  E
J  B  A  P  V  N  P  K  M  K  D  Q  E  C  E  R
S  T  Ä  R  K  E  F  F  X  H  U  E  I  Z  N  T
I  T  Y  M  Z  X  P  G  E  K  O  K  T  Z  Y  U
```

ATHLET   METABOLISCH
FÄHIGKEIT   MUSKEL
RADFAHREN   ERNÄHRUNG
KÖRPER   ZIEL
TANZEN   KNOCHEN
DIÄT   PROGRAMM
SPORT   AUSDAUER
STÄRKE   GESUNDHEIT
JOGGEN   TRAINER
MAXIMIEREN

40 - Agronomia

```
W E X L H B Y O Z M L N E U F V
L I T S H O F D E G Q H N M G E
Ä G S E P D D F M I E K E W C R
N O W S K E X P E K A E R E C S
D L A Ü E N V O T E J L G L D C
L O C M V N O I S O R E I T O H
I K H E W F S Q Y J E A E A S M
C Ö S G B A H C S I N A G R O U
H J T Z Q H S X H U K E M F P T
N G U M P J H S E A R N M O Z Z
Q V M W J X P Q E K F V E T R U
F O R S C H U N G R H T A B P N
P R O D U K T I O N L E A L D G
Z J V S H Q B D Ü N G E R L L P
O P P F L A N Z E N Q A R I W V
I S A A T I E H K N A R K P B T
```

UMWELT	ORGANISCH
WASSER	FORSCHUNG
WISSENSCHAFT	PFLANZEN
WACHSTUM	VERSCHMUTZUNG
KRANKHEIT	PRODUKTION
ÖKOLOGIE	LÄNDLICH
ENERGIE	SAAT
EROSION	SYSTEME
DÜNGER	BODEN
GEMÜSE	

41 - Frutas

```
A M A N G O O D E M R Q H U N H
Y P F K O X B E N O R T I Z S T
A Z R F C N E B I X T E M G A M
P W S I Q T E U R B G Y B K P A
A I S V K S R A A A N O E L F W
P T U T E O E R T N X W E N I I
I O N O G K S T K A F H R B R F
S A S D N Z V E E N I D E R S Q
A V O C A D O W N E Q R H O I Y
N W K J R F A Z W A W X C M C N
A E O M O B E V H K F I S B H C
N A K E K O N I P V A E R E W E
A V P J L A R T G K I W I E S Q
A O T F D W I O P E Y N K R Z W
X C O T E J B F O O E E R E H A
Q Q U U T L B E V V C S L W Z R
```

AVOCADO
ANANAS
BROMBEERE
BEERE
BANANE
KIRSCHE
KOKOSNUSS
APRIKOSE
FEIGE
HIMBEERE

KIWI
ORANGE
ZITRONE
APFEL
PAPAYA
MANGO
NEKTARINE
BIRNE
PFIRSICH
TRAUBE

42 - Corpo Humano

```
A B N E C U D Y V W S L U S Y C
F G F Z D L L C J P W Q U D M C
R K T L J X C A O M Z O Z U H I
N M G M Z L F E C T U X F W N E
O Z T L O Z Z Y I J X E V K B M
N S S H N G S A J X V S N D P P
R E G N I F V C W Y Y A A O T U
I Y F B E I N Z H K I N N T L S
H E P V N D G P M U A U G E K Q
E E N T B N E G O B L L E R U V
G I R S L A H G R X M T K H H F
H N I Z U H I O E C K U E B D O
A K T W T K O P F E Y A N R O X
P P S W G I G X E A Y H D D H Y
J O Z N W D F C I W M F O X R K
K N Ö C H E L I K L H N A S E W
```

MUND	AUGE
KOPF	SCHULTER
GEHIRN	OHR
HERZ	HAUT
ELLBOGEN	BEIN
FINGER	HALS
KNIE	KINN
KIEFER	BLUT
HAND	STIRN
NASE	KNÖCHEL

43 - Caminhada

```
S F I Q F A R L D C W R F C W O
K O H L E A N K O V J I B Z A R
R G N I P M A C L W B B L X S I
A W N N J D N E F I D R E D S E
P E W V E N I E T S M S F R E N
K T I P P E N D J Y P A E N R T
A T Y P P Y U Ü C I X T I Y E I
R E R G I V T M T V D Q T F R E
T R A Q L R C J M Z F G S B H R
E F Z E K L J R R Q A X T E Ü U
V O R B E R E I T U N G I R F N
P Q E U T I E R E L P J E G Z G
K I W D N Q Y U G E F A H R E N
P J H D R H C T G B A D R X L D
U T C I J F D A D A F H L E Q E
P W S H T L F N C H P L M X B O
```

CAMPING	ORIENTIERUNG
TIERE	PARKS
WASSER	STEINE
STIEFEL	KLIPPE
MÜDE	GEFAHREN
KLIMA	SCHWER
FÜHRER	VORBEREITUNG
KARTE	WILD
BERG	SONNE
NATUR	WETTER

44 - Biologia

```
P H O T O S Y N T H E S E J C B
A N A T O M I E S Y N A P S E P
Y X F W F H Z I N O M R O H Q D
S Ä U G E T I E R E N E U R O N
L Z J S L Y L R X E R R I B V H
S N K Z F N W Y K S F V E C V P
C H R O M O S O M O Y R B M E U
R Z O L K I F H C I L R Ü T A N
E E I C X T B W U B H L V G N P
P O N N V A V W V M T O A U A P
T S I Z M T W H Y Y S E M G G V
I M E Q Y U G Z P S H Q B F E U
L O T R W M B A K T E R I E N N
H S O Z S Z E L L E U I K A L Z
P E R E V O L U T I O N A Y K L
F E P C F I I Z J V G Y X F O B
```

ANATOMIE   SÄUGETIER
BAKTERIEN   MUTATION
ZELLE   NATÜRLICH
KOLLAGEN   NERV
CHROMOSOM   NEURON
EMBRYO   OSMOSE
ENZYM   PROTEIN
EVOLUTION   REPTIL
PHOTOSYNTHESE   SYMBIOSE
HORMON   SYNAPSE

45 - Beleza

```
F A H H X B N C Ö Z R R A L O I
O O P M A H S P L O N L Z F E C
T N D J M J S N E M R A H C N J
O T J Q D X W J E G A N G O R E
G J M X S V A X J S B F H E N F
E Z K V K Q X S Z V L J C L L L
N D T L I P P E N S T I F T D E
A F I D T J M T A A N Y A V U G
N Y P C E V J K C Z A Q A P F E
S J G U M F K U S H G H K Z T I
S T N B S B B D C H E B R A F P
V J Y K O J Z O H I L V J L D S
I Q Z L K A A R E I E H A U T D
T D A W I T Q P R G L A T T C N
A N M U T S N F E L O C K E N U
O E H C S U T N R E P M I W A V
```

LIPPENSTIFT	DUFT
LOCKEN	ANMUT
CHARME	ÖLE
FARBE	HAUT
KOSMETIK	PRODUKTE
ELEGANT	WIMPERNTUSCHE
ELEGANZ	GLATT
SPIEGEL	SCHERE
STYLIST	SHAMPOO
FOTOGEN	

46 - Água

```
V  G  Q  X  F  B  G  Z  R  F  P  S  M  M  O  U
E  C  F  V  X  Y  F  O  Z  L  R  Q  O  N  Z  V
R  J  G  K  B  L  R  W  A  V  J  O  C  C  E  X
D  W  N  A  K  I  R  R  U  H  O  S  S  G  A  D
U  F  U  Z  U  O  M  M  P  G  C  G  I  T  N  X
N  F  R  T  B  Q  G  L  O  U  O  N  E  D  D  V
S  O  E  E  S  M  E  G  S  N  G  E  Y  S  I  R
T  Y  S  H  D  A  M  P  F  E  S  Q  C  G  X  A
U  F  S  I  C  T  D  H  L  G  W  U  Z  N  T  J
N  V  Ä  T  K  S  C  F  N  E  L  A  N  A  K  V
G  Q  W  N  F  L  U  T  H  R  Q  D  X  G  T  X
H  E  E  N  H  C  S  D  F  L  U  S  S  E  M  I
R  A  B  K  N  I  R  T  W  E  L  L  E  N  L  Y
K  Y  F  E  U  C  H  T  I  G  K  E  I  T  F  P
J  Y  Y  L  N  Z  K  H  T  N  N  E  T  S  K  G
U  G  F  E  C  G  L  H  T  Q  T  Q  P  C  A  T
```

KANAL	SEE
REGEN	MONSUN
DUSCHE	SCHNEE
VERDUNSTUNG	OZEAN
HURRIKAN	WELLEN
FROST	TRINKBAR
EIS	FLUSS
GEYSIR	FEUCHTIGKEIT
FLUT	DAMPF
BEWÄSSERUNG	

47 - Filantropia

```
C G E M E I N S C H A F T K U Y
H O L A B O L G O E U R B O N C
Q F E T H C I H C S E G R N Ä Z
U T I E H H C S N E M C A T C M
E I Z M E N S C H E N H U A H A
N E P P U R G M Y C W Z C K S F
M K H A X Z L F I Q H P H T T I
C H W J U G E N D S O L E E E N
T C M I N X T T E S S Q N W N A
Z I U P J J T R E D N I K Y L N
N L D Z W R I V D Q N O O S I Z
P R O G R A M M E K D E O N E I
O H Ö F F E N T L I C H P D B E
S E H K S I V L H A I T E S E R
R P E S L K K N L J Q A G Z P E
S D F Z T E K W X C C H W B K N
```

NÄCHSTENLIEBE   EHRLICHKEIT
GEMEINSCHAFT   MENSCHHEIT
KONTAKTE   JUGEND
KINDER   MISSION
SPENDEN   BRAUCHEN
FINANZIEREN   ZIELE
MITTEL   MENSCHEN
GLOBAL   PROGRAMME
GRUPPEN   ÖFFENTLICH
GESCHICHTE

48 - Ecologia

```
Ü  P  F  G  R  H  D  V  S  U  S  U  M  P  F  L
B  E  R  G  E  E  R  R  Ü  D  F  C  C  E  M  E
E  J  E  I  G  M  S  W  D  P  Q  J  J  Q  C  B
R  E  I  T  R  A  E  S  C  J  Z  D  X  S  R  E
L  V  W  L  E  I  N  I  O  P  F  U  S  V  A  N
E  U  I  A  B  K  E  A  N  U  B  W  F  X  E  S
B  H  L  H  O  L  Z  N  T  S  R  E  R  F  N  R
E  C  L  H  R  A  N  U  X  U  C  C  X  S  O  A
N  I  I  C  T  B  A  A  J  U  R  H  E  J  I  U
R  L  G  A  R  O  L  F  F  B  Y  H  A  N  T  M
B  R  E  N  Z  L  F  K  K  I  Z  C  M  F  A  I
O  Ü  P  G  B  G  P  K  M  N  L  B  I  P  T  Y
M  T  V  I  E  L  F  A  L  T  K  V  L  L  E  M
M  A  R  I  N  E  R  V  K  Q  B  D  K  I  G  B
T  N  T  Q  R  F  G  G  K  M  D  Y  S  L  E  F
K  L  P  P  D  L  F  D  S  U  F  B  L  Q  V  G
```

KLIMA
GEMEINSCHAFT
VIELFALT
ART
FAUNA
FLORA
GLOBAL
LEBENSRAUM
MARINE
BERGE

NATÜRLICH
NATUR
SUMPF
PFLANZEN
RESSOURCEN
DÜRRE
ÜBERLEBEN
NACHHALTIG
VEGETATION
FREIWILLIGE

49 - Família

```
S  G  D  K  U  F  O  Q  I  L  K  V  V  X  N  P
H  C  I  L  R  E  T  Ä  V  B  I  G  A  F  U  K
E  O  H  U  M  T  A  N  T  E  N  O  A  T  L  D
H  N  C  W  R  U  V  Y  J  I  D  L  K  I  E  T
E  K  I  K  E  T  T  U  C  H  H  V  C  G  K  R
M  E  L  I  T  S  V  T  G  F  E  F  F  E  N  E
A  L  R  N  T  J  T  Q  E  H  I  S  B  K  E  T
N  R  E  D  U  R  B  E  B  R  T  Q  L  G  J  H
N  H  T  B  M  M  C  T  R  H  H  L  T  B  D  C
Q  Y  T  A  S  E  T  H  U  A  R  F  E  H  E  O
P  I  Ü  U  S  U  V  C  O  F  E  E  H  W  H  T
K  A  M  O  O  V  W  I  N  R  D  L  R  W  P  E
J  Y  R  R  R  H  M  N  Z  O  N  S  F  X  Q  C
L  R  Y  C  G  Z  Z  F  Z  V  I  Q  K  L  V  S
V  E  T  T  E  R  A  X  A  Z  K  E  E  M  V  H
R  V  I  T  O  M  A  K  F  B  T  J  Q  D  J  I
```

VORFAHR	MÜTTERLICH
GROSSMUTTER	MUTTER
KIND	ENKEL
KINDER	VATER
EHEFRAU	VÄTERLICH
TOCHTER	VETTER
KINDHEIT	NICHTE
SCHWESTER	NEFFE
BRUDER	TANTE
EHEMANN	ONKEL

50 - Férias #2

```
H  Z  I  J  I  W  N  K  C  W  R  G  T  P  Q  H
O  R  F  X  X  G  E  B  H  X  N  N  E  X  J  S
T  R  O  P  S  N  A  R  T  L  S  J  T  Z  B  S
E  T  N  I  G  A  D  N  I  N  Y  G  M  P  F  K
L  R  Y  N  A  F  F  O  T  O  S  S  R  X  J  Z
F  F  I  S  Z  T  Y  D  F  M  V  U  X  J  W  L
L  M  L  E  T  R  A  K  R  G  D  E  O  L  G  R
U  Q  E  L  C  E  G  R  E  B  U  Y  U  K  H  E
G  B  M  E  W  D  N  V  I  P  R  T  A  X  I  S
H  U  W  I  R  N  I  I  Z  P  Z  E  X  R  F  T
A  N  R  Z  D  Ä  P  S  E  M  E  C  I  S  H  A
F  V  S  L  N  L  M  U  I  Z  L  A  P  S  X  U
E  Z  S  P  A  S  A  M  T  I  T  V  Y  G  E  R
N  E  E  A  R  U  C  H  O  E  R  F  A  R  Y  A
F  U  T  S  T  A  B  E  S  K  R  Z  C  N  Y  N
D  B  L  S  S  C  X  P  V  P  I  T  L  G  G  T
```

CAMPING	MEER
FLUGHAFEN	BERGE
ZIEL	PASS
AUSLÄNDER	STRAND
URLAUB	RESTAURANT
FOTOS	TAXI
HOTEL	ZELT
INSEL	TRANSPORT
FREIZEIT	REISE
KARTE	VISUM

51 - Edifícios

```
M  S  Q  I  C  S  S  O  L  H  C  S  T  Z  S  Q
A  C  X  U  N  U  T  M  M  R  R  J  Ä  N  H  M
S  H  U  B  B  P  H  E  X  F  K  V  T  E  N  Z
K  U  U  Y  Q  E  N  U  E  H  C  S  I  I  K  X
G  L  M  U  I  R  O  T  A  V  R  E  S  B  O  D
S  E  X  N  P  M  U  E  S  U  M  C  R  J  A  B
T  T  M  T  F  A  H  C  S  T  O  B  E  F  P  A
H  R  A  B  U  R  H  O  T  E  L  N  V  A  A  U
B  S  V  D  G  K  L  Y  N  W  T  Q  I  B  R  E
W  V  Q  H  I  T  V  G  H  I  L  R  N  R  T  R
H  P  B  X  R  O  B  A  L  Y  K  D  U  I  M  N
E  R  E  S  J  S  N  R  G  H  S  T  W  K  E  H
T  H  E  A  T  E  R  A  T  M  Y  W  U  S  N  O
L  T  V  M  D  V  V  G  N  L  S  Z  D  R  T  F
V  B  O  J  E  F  Y  E  D  F  T  N  X  R  M  U
K  R  A  N  K  E  N  H  A  U  S  K  Z  E  L  T
```

APARTMENT	KRANKENHAUS
SCHLOSS	HOTEL
SCHEUNE	LABOR
KINO	MUSEUM
BOTSCHAFT	OBSERVATORIUM
SCHULE	SUPERMARKT
STADION	THEATER
BAUERNHOF	ZELT
FABRIK	TURM
GARAGE	UNIVERSITÄT

52 - Xadrez

```
S Y G G S D N P V R Y K L A Q T
P Q X P J T P J K V Y Ö E N Q U
I Q C Z Q C R A Y N F N R U Z R
E T K N U P E A S W Z I N S Q N
L E I P S T F A T S E G E R F I
E B L P T O P U Q E I I N Z R E
R E N G E G O B V Z G V S D H R
K O V Q V L A N O G A I D S Y W
I N F U G S U N Y C J G E V Z G
A F E Z E I T C H A M P I O N S
S E U W V I R X W G T J I F I C
W E T T B E W E R B L I H M G H
E O V Y G K L U G A O P H O I W
P O O R I Z I D R E G E L N N A
T E X M C T K Y B K D I U G Ö R
M H K O V U B E G E H U L U K Z
```

LERNEN	PASSIV
WEISS	PUNKTE
CHAMPION	SCHWARZ
WETTBEWERB	KÖNIGIN
DIAGONAL	REGELN
STRATEGIE	KÖNIG
SPIELER	OPFER
SPIEL	ZEIT
GEGNER	TURNIER

53 - Aventura

```
G E L E G E N H E I T I F Q O B
U N G E W Ö H N L I C H R N F E
W B L J D N C H G G C E C R G
J T M S B B X S N M Z Q U O E E
A A V I X A N F U F S U D S U I
D W U P S T H I T P H P E Z N S
T I E K G I R E I W H C S I D T
M U G Y T E C I E G C G T E E E
R O U T E H C H R F I K G L B R
K J L H V N H T E B L N N K U
G C F O S Ö A X B R R A E V U N
Y T S T N H C R U H W E U C G
A W U S Y C C B O T Ä E Q L M J
H X A X I S E U V A F G I Y S Y
A K T I V I T Ä T N E X G T E E
T A P F E R K E I T G M G V R X
```

FREUDE
FREUNDE
AKTIVITÄT
SCHÖNHEIT
TAPFERKEIT
CHANCE
ZIEL
SCHWIERIGKEIT
BEGEISTERUNG

AUSFLUG
UNGEWÖHNLICH
ROUTE
NATUR
NEU
GELEGENHEIT
GEFÄHRLICH
VORBEREITUNG
SICHERHEIT

54 - Cidade

```
K Y R L G S R P U O T W G W F Q
Z I K E H T O I L B I B B A N K
V B N T O A O E H A H H E N Z O
M L B O L D Z S H D N Z E V W S
A U U H C I S F A E N O T I M B
R M C S A O Y A L D X O E S X S
K E H U Q N L O L U S C H U L E
T N H P V Q Y W Y O G F Z Z Q P
G H A E M U S E U M N H H M B Q
A Ä N R R Q G R L O V R A O Z U
L N D M F B Ä C K E R E I F W I
E D L A P D R B C V T T K K E R
R L U R U L C W J J D A M R T N
I E N K L T Ä T I S R E V I N U
E R G T Y H L A P O T H E K E V
R E S T A U R A N T Z T A N S U
```

FLUGHAFEN	ZOO
BANK	BUCHHANDLUNG
BIBLIOTHEK	MARKT
KINO	MUSEUM
SCHULE	BÄCKEREI
STADION	RESTAURANT
APOTHEKE	SALON
BLUMENHÄNDLER	SUPERMARKT
GALERIE	THEATER
HOTEL	UNIVERSITÄT

55 - Música

```
G P S M U S I C A L J J D D E U
O R G U Y N T B R N E G N I S J
B B M B Z B B A L L A D E S N N
I N V L O D S N K P E Q R E P O
L N Q A I F E H C S I T E O P F
Y P S U M H T Y H R D A I W V O
R Z X T M O T X A Z O U S O Y R
I O R F R U L Z Q O L F I Q O K
S O O V D U S Y C O E N V Z T I
C Y G Q Y A M I O P M A O A S M
H F R P L Z P E K M W H R A W I
H A R M O N I E N E J M P C D U
A C S F Y B C Q H T R E M Q N H
J K H C S I S S A L K A I O A O
Y J Y O R H Y T H M I S C H L R
C E T C R E G N Ä S W V Y J G C
```

ALBUM	LYRISCH
BALLADE	MELODIE
SINGEN	MIKROFON
SÄNGER	MUSICAL
KLASSISCH	MUSIKER
CHOR	OPER
AUFNAHME	POETISCH
HARMONIE	RHYTHMUS
IMPROVISIEREN	RHYTHMISCH
INSTRUMENT	TEMPO

56 - Matemática

```
G G W O S B B W Z T A R D A U Q
O L L I L Q U P A W W G U R O M
M A E Z N N X X H M U E R I O M
Z M M I K K A B L U Y O C T B V
T I S G C E E J E Z J M H H S K
R Z X O E H X L N K S E M M Y U
A E P B T W U P Z N T T E E M M
D D A M H T F N O D H R S T M F
I Y R A C P I O G N C I S I E A
U Y A I E L G G O E E E E K T N
S O L B R Y A Y B M R N R C R G
I H L I I Z F L L U K M T E I A
G C E M M U S O Q L N W O I E Q
X B L H D M F P I O E B O E E D
B R U C H T E I L V S J R R L G
W I U Q S W C T H Q I D Q D Y X
```

ARITHMETIK	PARALLEL
WINKEL	SENKRECHT
UMFANG	POLYGON
DEZIMAL	QUADRAT
DURCHMESSER	RADIUS
GLEICHUNG	RECHTECK
EXPONENT	SYMMETRIE
BRUCHTEIL	SUMME
GEOMETRIE	DREIECK
ZAHLEN	VOLUMEN

57 - Saúde e Bem Estar #1

```
G E W O H N H E I T K L P I R I
B A K T E R I E N Z G J S L E N
W F X L H I Z W G M N H L C F A
X C S I Ö E P E C V U E R Y L G
W B K C H F N A K B T H R Z E H
V J Y F R R E T R F L A E V X U
I H P X G A H Z S E A U G S E Q
R B Q K H K C T R P H T N A Y N
U U E K G T O Z T T A T U O C D
S L F A W U N M I Z N N H A E I
N B T P Z R K Q J Q O Y N P G D
A P O T H E K E C R J T R U O U
B A H O R M O N E H H J B Y N A
D R B E H A N D L U N G X M B G
R Z U B M S Y T A M E D I Z I N
T T K L I N I K A K T I V M O H
```

HÖHE	MEDIZIN
AKTIV	NERVEN
BAKTERIEN	KNOCHEN
KLINIK	HAUT
ARZT	HALTUNG
APOTHEKE	REFLEX
HUNGER	ENTSPANNUNG
FRAKTUR	THERAPIE
GEWOHNHEIT	BEHANDLUNG
HORMONE	VIRUS

58 - Imigração

```
O V E G N U S Ö L S G B K V I F
P F U T E F L I H C N W O E T I
Z U F S T H E S I K O X M R A N
H E G I A K Ä X L I L O M H V A
X N D R Z X J U A N E L U A E N
I O T F T I O D S G O Y N N R Z
W I A L U N E Z N E R G I D W I
Z T F B H C O R V N W C K L A E
Q A W K C P R O Z E S S A U L R
Z U K K S W E M T S C D T N T U
S T R E S S D H E H P E I G U N
P I H R G B N R S C Q T O F N G
T S N X A W I D E A D D N V G D
T J G D O W K K G W E Y I P C K
S P R A C H E W I R T V P J W D
B T G N U G I M H E N E G T S W
```

VERWALTUNG   GESETZ
ERWACHSENE   SPRACHE
HILFE   VERHANDLUNG
GENEHMIGUNG   OFFIZIER
KOMMUNIKATION   FRIST
KINDER   PROZESS
STRESS   SCHUTZ
FINANZIERUNG   SITUATION
GRENZEN   LÖSUNG
GEHÄUSE

59 - Natureza

```
T  T  S  D  D  T  M  B  S  G  S  W  B  N  L  S
R  N  R  Y  N  L  P  I  C  L  F  O  F  D  K  T
O  L  C  N  E  V  T  E  H  E  T  L  T  J  X  H
P  B  U  A  L  L  S  N  Ö  T  Q  K  M  G  S  C
I  S  S  M  O  V  I  E  N  S  M  E  T  S  Ü  W
S  D  Y  I  U  X  L  N  H  C  W  N  E  L  P  I
C  B  P  S  S  T  W  F  E  H  N  E  B  E  L  V
H  L  A  C  H  C  G  I  I  E  O  Q  Z  X  T  D
R  K  V  H  C  S  H  I  T  R  H  M  K  O  X  N
E  Q  W  M  I  C  L  U  L  H  E  I  T  E  R  O
W  N  W  I  L  D  G  G  T  I  R  Z  Z  F  D  I
O  A  R  R  D  H  U  O  A  Z  E  F  L  U  S  S
C  D  L  G  E  U  C  Z  R  U  I  H  B  X  A  O
T  M  G  D  I  N  X  E  S  I  T  K  R  A  N  R
J  L  C  U  R  A  R  D  F  B  L  H  V  Q  H  E
O  O  D  D  F  S  I  A  B  K  W  U  R  Z  P  U
```

BIENEN	GLETSCHER
SCHUTZ	NEBEL
TIERE	WOLKEN
ARKTIS	FRIEDLICH
SCHÖNHEIT	FLUSS
WÜSTE	HEILIGTUM
DYNAMISCH	WILD
EROSION	HEITER
WALD	TROPISCH
LAUB	

60 - A Empresa

```
G I E I R T S U D N I Y P R G Y
L N N E C R U O S S E R R G U T
O V T F Ä H C S E G G E O I M F
B E S Ä K M C X E T S I F X Ö P
A S C B T R M L X H D N E D G R
L T H A T I E F F T N N S I L Ä
P I E E I R L A I U C A S N I S
R T I I R D N A T I M H I N C E
O I D N H F E U U I C M O O H N
D O U H C T S Z P Q V E N V K T
U N N E S X C I H U O N E A E A
K V G I T W V F L H A X L T I T
T R T T R R I S I K E N L I T I
M W X E O Q H A C I Y Z K V G O
S G J N F A N E I H D E W Q Q N
B E S C H Ä F T I G U N G J A F
```

PRÄSENTATION
KREATIV
ENTSCHEIDUNG
BESCHÄFTIGUNG
GLOBAL
INDUSTRIE
INNOVATIV
INVESTITION
GESCHÄFT
MÖGLICHKEIT

PRODUKT
PROFESSIONELL
FORTSCHRITT
QUALITÄT
EINNAHMEN
RESSOURCEN
RUF
RISIKEN
EINHEITEN

61 - Doença

```
G E Z C H R O N I S C H G C L A
E I R E P R Ö K F T L R X V W T
S H E B W H U M T R E X Q E S E
U T H L L G E N E T I S C H J M
N A Z A F I L N E U O C P M L W
D P D N E K C E T S N A D B S E
H O G O U W Q H S Y N D R O M G
E R G M K L Q C I O X G K H J E
I U S L M U N O E S L J D E N I
T E H U Q Y H N F R C Y B I S P
D N X P D X S K G T F P N L H A
E N T Z Ü N D U N G T L H U L R
I M M U N I T Ä T U K A K N S E
A B D O M I N A L M P V T G L H
F E N Z T F T S S C H W A C H T
A L L E R G I E N N Y L Z T W L
```

ABDOMINAL	ERBLICH
AKUT	IMMUNITÄT
ALLERGIEN	ENTZÜNDUNG
ANSTECKEND	NEUROPATHIE
HERZ	KNOCHEN
KÖRPER	PULMONAL
CHRONISCH	ATEMWEGE
HEILUNG	GESUNDHEIT
SCHWACH	SYNDROM
GENETISCH	THERAPIE

62 - Aviões

```
S  J  R  P  N  T  N  P  X  O  U  M  G  S  G  P
R  O  L  I  P  V  D  P  G  Z  E  H  E  H  Ö  H
X  W  C  D  N  T  Q  S  P  V  Z  Z  S  P  A  X
R  I  C  H  T  U  N  G  J  M  O  J  C  A  B  H
R  O  V  K  L  U  F  T  O  L  I  P  H  S  S  T
N  A  V  I  G  I  E  R  E  N  T  J  I  S  T  U
Y  I  Q  I  Y  O  I  X  X  E  N  Z  C  A  I  R
N  O  I  T  K  U  R  T  S  N  O  K  H  G  E  B
E  R  Ä  H  P  S  O  M  T  A  L  W  T  I  G  U
S  L  H  J  P  I  S  D  A  N  L  I  E  E  V  L
A  C  R  E  U  E  T  N  E  B  A  R  Y  R  V  E
L  A  N  D  U  N  G  R  H  X  B  X  O  O  C  N
B  F  S  B  R  E  N  N  S  T  O  F  F  T  Z  Z
F  F  O  T  S  R  E  S  S  A  W  B  V  O  T  F
U  D  B  A  O  O  R  Z  H  F  L  E  M  M  I  H
A  A  Z  N  X  E  A  W  D  W  Y  O  C  W  A  R
```

HÖHE	RICHTUNG
LUFT	WASSERSTOFF
LANDUNG	GESCHICHTE
ATMOSPHÄRE	AUFBLASEN
ABENTEUER	MOTOR
BALLON	NAVIGIEREN
HIMMEL	PASSAGIER
BRENNSTOFF	PILOT
KONSTRUKTION	CREW
ABSTIEG	TURBULENZ

63 - Tipos de Cabelo

```
D G I B R A F G B A G N K O O B
Z R A W H C S E R G I Z Ö P F E
R A B J X O S S A S K J T V R Q
Y U K F I P M U U M C S Q T A M
D K U D W R Y N N L O W M R G J
X F V C H C U D N O L B K M E T
S S V V W W E I S S P M V Z F Z
B U C R K N Y T U M Y M D D L U
S A M E T E A Y W O Y Q Ü U O Z
T I Y O U K C I D W H P N L C J
T R L K N C A S H V W I N Q H J
P F O B Y O K H W E L L I G T V
Y N V C E L M C L M S F F U E S
T T Z R K R F I L A N G U H N D
F R Q X B E Z E J V S O T D W R
X G H Z R A N W G L Ä N Z E N D
```

WEISS	LANG
GLÄNZEND	BRAUN
LOCKEN	WELLIG
KAHL	SILBER
GRAU	SCHWARZ
FARBIG	GESUND
LOCKIG	TROCKEN
DÜNN	WEICH
DICK	GEFLOCHTEN
BLOND	ZÖPFE

64 - Formas

```
H Y P E R B E L S W M E D V X H
Y E O V R T N E E I V L E W D V
B D S R S R H G I U C L T D M J
X Z C U E F Z U T A H I X L H S
P D W K U V N K E M N P B N Q O
K R P O L Y G O N B K S I B B K
C E I L I N I E L D U E C V O H
E D G S U W Ü R F E L D D I G H
I N N E M K D A P M A I A X E W
E I K E L A F J Z R R M X X N E
R L O Z W K R E I S U A Q T V Q
D Y V R E A V X K T A R D A U Q
E Z A H Y M K N D P W Y A M K Q
I C L F W B D C H B H P M L E W
Y T K C E T H C E R P L L F L I
Z V X E V Z V C S H Z O L A Q N
```

BOGEN
ECKE
ZYLINDER
KREIS
KEGEL
WÜRFEL
KURVE
ELLIPSE
KUGEL
HYPERBEL

SEITE
LINIE
OVAL
PYRAMIDE
POLYGON
PRISMA
QUADRAT
RECHTECK
DREIECK

65 - Criatividade

```
F  L  Ü  S  S  I  G  K  E  I  T  K  R  F  P  H
V  A  F  U  S  P  Z  E  Y  X  N  L  E  Ä  H  C
V  U  L  Q  K  E  P  I  H  F  I  A  I  H  A  S
I  S  N  S  X  H  N  A  K  M  M  R  N  I  N  I
S  D  K  F  J  C  A  S  O  N  F  H  D  G  T  R
I  R  S  N  N  S  T  C  A  L  A  E  R  K  A  E
O  U  D  L  V  I  N  H  P  T  Y  I  U  E  S  D
N  C  U  J  D  R  O  Q  K  P  I  T  C  I  I  N
E  K  F  G  S  E  P  P  N  K  E  O  K  T  E  I
N  B  I  L  D  L  S  T  S  G  C  L  N  U  Z  F
D  R  A  M  A  T  I  S  C  H  L  E  Y  H  D  R
T  L  S  I  U  S  I  Y  U  G  E  F  Ü  H  L  E
T  R  Z  L  T  N  O  I  T  I  U  T  N  I  B  O
S  Q  C  G  A  Ü  V  I  T  A  L  I  T  Ä  T  P
W  R  Z  N  N  K  I  N  T  E  N  S  I  T  Ä  T
I  N  S  P  I  R  A  T  I  O  N  S  T  F  Z  I
```

KÜNSTLERISCH	EINDRUCK
KLARHEIT	INSPIRATION
DRAMATISCH	INTENSITÄT
SPONTAN	INTUITION
AUSDRUCK	ERFINDERISCH
FLÜSSIGKEIT	SENSATION
FÄHIGKEIT	GEFÜHLE
BILD	VISIONEN
PHANTASIE	VITALITÄT

66 - Dias e Meses

```
O  F  M  Q  A  J  O  V  I  W  O  R  S  C  J  S
O  T  R  A  Q  U  B  O  A  H  S  N  V  V  J  O
B  B  H  E  Y  L  I  R  P  A  M  W  J  H  O  N
E  B  A  Q  I  I  B  P  G  N  G  O  H  R  B  N
P  A  J  J  N  T  S  U  G  U  A  G  N  L  Z  T
I  J  Q  T  U  O  A  F  F  X  T  B  F  T  R  A
D  G  N  B  J  W  T  G  A  T  S  M  A  S  A  G
R  E  D  N  E  L  A  K  S  Q  N  H  Z  W  U  G
T  E  C  H  E  C  N  D  E  Z  E  M  B  E  R  G
C  H  B  J  A  V  O  G  E  M  I  Z  J  Y  B  F
L  C  A  M  U  X  M  K  Q  E  D  S  Y  N  E  H
D  O  N  N  E  R  S  T  A  G  K  S  K  I  F  Q
B  W  P  X  V  V  O  F  V  S  K  X  S  O  M  T
Y  Q  J  B  Z  H  O  O  K  T  O  B  E  R  B  F
A  M  M  B  M  A  O  N  J  A  N  U  A  R  B  G
S  E  P  T  E  M  B  E  R  I  C  E  R  T  Y  W
```

APRIL	MONAT
AUGUST	NOVEMBER
JAHR	OKTOBER
KALENDER	DONNERSTAG
DEZEMBER	SAMSTAG
SONNTAG	MONTAG
FEBRUAR	WOCHE
JANUAR	SEPTEMBER
JULI	FREITAG
JUNI	DIENSTAG

67 - Saúde e Bem Estar #2

```
M  K  M  V  F  R  Y  C  Y  A  R  I  C  G  V  G
N  I  P  Y  Z  R  R  Q  Y  N  S  M  M  E  I  U
K  A  L  O  R  I  E  M  G  A  V  R  Y  W  T  F
V  E  R  D  A  U  U  N  G  T  Ä  I  D  I  A  J
A  Q  E  S  X  Y  R  P  D  O  U  F  S  C  M  B
L  Q  P  N  G  G  X  V  T  M  C  L  J  H  I  M
N  E  R  A  Y  P  C  U  K  I  E  L  B  T  N  P
A  Z  Ö  G  N  O  Z  T  I  E  H  K  N  A  R  K
E  P  K  M  A  S  S  A  G  E  A  X  V  W  I  P
G  N  P  F  H  M  M  R  E  C  O  V  E  R  Y  G
E  X  E  E  I  G  R  E  L  L  A  Q  P  N  J  E
S  S  A  R  T  S  T  I  M  M  U  N  G  W  H  N
U  V  X  Q  G  I  V  T  I  J  V  C  P  U  Q  E
N  A  J  N  O  I  T  K  E  F  N  I  R  V  V  T
D  S  U  A  H  N  E  K  N  A  R  K  A  K  I  I
A  U  H  Y  G  I  E  N  E  N  H  A  P  U  W  K
```

ALLERGIE	HYGIENE
ANATOMIE	KRANKENHAUS
APPETIT	STIMMUNG
KALORIE	INFEKTION
KÖRPER	MASSAGE
DIÄT	GEWICHT
VERDAUUNG	RECOVERY
KRANKHEIT	BLUT
ENERGIE	GESUND
GENETIK	VITAMIN

68 - Geografia

```
R Y E S W P O J J A W P T R R S
Q F Q Y U B K N X L V K F P E T
K E Z T M W M J W P S Q T M G A
M E W T K K C D Q F L U S S I D
T E R Ä H P S I M E H Z M S O T
U T R M I K F R H H E M W Ü N K
G I E I U H A N M Ö V T H D G O
N E E S D N A L D H B X I E E N
R R M T A I H L T G A J H N B T
O B T B X J A Y I L F R T E I I
I Z K D Y L X N Z N T U X D E N
E C X B Z K A R T E S G H R T E
W H H Q E U J G S N A E Z O B N
I G V F G R T J E P L J L N Q T
K K P D A V G Y W X T L E W M W
T F F R E P B V J T A L L H X J
```

HÖHE	BERG
ATLAS	WELT
STADT	NORDEN
KONTINENT	OZEAN
HEMISPHÄRE	WEST
INSEL	LAND
BREITE	REGION
KARTE	FLUSS
MEER	SÜDEN
MERIDIAN	GEBIET

69 - Antártica

```
I N E S I D S I E W I I O K C H
U E N I U G N I P H A N B W B E
M I B U C H T R G H P L S B F C
W H C M S M F E L S I G E E U G
E P H Z I D P S L H Z H E E L D
L A N Q V J W S V L J A R X V N
T R N Z X T U A X F O L H P U O
Z G Y E Q F J W B J S B A L T I
F O R S C H E R E I S I L O Y T
T E M P E R A T U R Z N T R C A
K G G W A H T Y T A S S U A E R
R X N O I T I D E P X E N T V G
M I N E R A L I E N E L G I U I
T O P O G R A P H I E J C O F M
W Q P R M N I T N E N I T N O K
G L E T S C H E R N K X O R F W
```

UMWELT	GEOGRAPHIE
WASSER	INSELN
BUCHT	FORSCHER
WALE	MIGRATION
ERHALTUNG	MINERALIEN
KONTINENT	HALBINSEL
EXPEDITION	PINGUINE
EXPLORATION	FELSIG
GLETSCHER	TEMPERATUR
EIS	TOPOGRAPHIE

70 - Flores

```
M R N Y D G A I R E M U L P B L
P O N Q D N D A S E S O R F L I
F I H X N C D H W L S V S I Ü L
M E A N L I L I E K O L O N T A
V A Z Q Y O X F O D G K Y G E E
G Ä N S E B L Ü M C H E N S N C
H J E O P I N X S Y D G L T B G
I A W R L X L C D T L B W R L A
B S Ö C U I N O H H R M J O A R
I M L H T D E L N P W A K S T D
S I I I Y M Z U F G H D U E T E
K N N D Z F W N W V A Q U S Q N
U P Z E V B B L J K T M M C S I
S Q H E S O N N E N B L U M E E
L A V E N D E L A I F L Z N O U
F X K Z W R Y N R H D F U A G X
```

STRAUSS

LÖWENZAHN

GARDENIE

SONNENBLUME

HIBISKUS

JASMIN

LAVENDEL

LILA

LILIE

MAGNOLIE

GÄNSEBLÜMCHEN

ORCHIDEE

MOHN

PFINGSTROSE

BLÜTENBLATT

PLUMERIA

ROSE

KLEE

TULPE

71 - Fazenda #1

```
K  G  J  H  U  K  N  Z  H  K  D  S  C  E  V  F
K  Z  P  U  E  H  X  I  A  O  A  W  W  R  I  J
Q  R  X  N  I  E  W  H  C  S  N  F  E  L  D  H
Y  E  Ä  D  L  G  V  I  Y  I  U  I  R  J  K  Z
B  S  Q  H  K  A  L  B  B  E  A  V  G  B  F  D
V  S  D  J  E  Z  T  A  K  R  Z  K  E  Q  U  N
O  A  Z  H  W  C  Y  L  F  R  E  G  N  Ü  D  Z
D  W  T  U  V  P  A  L  A  N  D  S  N  C  G  U
C  R  N  H  A  M  L  Y  U  E  H  M  E  K  S  O
L  W  F  N  U  O  D  S  T  F  Y  U  K  L  T  S
U  H  J  O  R  R  C  P  O  M  N  P  J  J  U  O
X  S  N  T  U  U  L  F  V  D  H  S  Y  I  S  Z
E  V  R  P  A  W  J  E  W  U  I  P  K  R  O  N
D  X  B  I  E  N  E  R  A  U  Y  P  M  Q  O  K
A  O  I  J  J  O  T  D  F  F  X  T  N  O  U  W
Z  I  E  G  E  T  H  E  R  D  E  F  D  Y  P  O
```

BIENE	KRÄHE
REIS	HEU
WASSER	DÜNGER
KALB	HUHN
ESEL	KATZE
ZIEGE	HONIG
FELD	SCHWEIN
PFERD	HERDE
HUND	LAND
ZAUN	KUH

72 - Livros

```
E  R  F  I  N  D  E  R  I  S  C  H  T  O  E  L
I  G  E  K  O  L  L  E  K  T  I  O  N  V  R  I
S  E  Z  S  G  C  T  M  U  N  O  D  H  K  Z  T
E  S  O  S  E  Z  C  I  C  U  H  Y  J  B  Ä  E
O  C  M  Q  S  L  C  I  U  S  S  B  D  V  H  R
P  H  Y  N  C  G  E  D  I  C  H  T  V  Y  L  A
S  R  N  U  H  C  S  I  R  O  T  S  I  H  E  R
E  I  Y  Q  I  V  L  K  W  H  P  R  G  T  R  I
I  E  T  D  C  N  E  A  I  V  D  E  G  V  S  S
T  B  M  Ä  H  F  T  Q  D  X  Y  U  Y  X  E  C
E  E  L  P  T  X  E  T  N  O  K  E  C  P  R  H
J  N  U  S  E  I  H  B  M  A  U  T  O  R  I  R
E  P  I  S  C  H  L  D  R  P  Y  N  W  O  E  O
X  P  N  H  K  T  N  A  V  E  L  E  R  B  S  M
T  R  A  G  I  S  C  H  U  B  W  B  T  W  F  A
A  R  H  I  J  B  D  K  F  D  E  A  O  J  Z  N
```

AUTOR	LESER
ABENTEUER	LITERARISCH
KOLLEKTION	ERZÄHLER
KONTEXT	SEITE
DUALITÄT	GEDICHT
GESCHRIEBEN	POESIE
EPISCH	RELEVANT
GESCHICHTE	ROMAN
HISTORISCH	SERIE
ERFINDERISCH	TRAGISCH

73 - Chocolate

```
U H A N D W E R K L I C H K U K
P A N T I O X I D A N S J A Z Ö
B U S L V Z T E S S Ü N D R E S
I F L Y O N Q W O M P S C A R T
K J Q V B J T I R O V A F M Y L
C O I F E I Ä T Z S O X X E G I
A X K D H R T A T U Z W E L K C
M T H O C I I T E P F E Q L E H
H R K J S E L N E I R O L A K M
C E G G I N A M O R A T Q E Q H
S Z E P T E U P H R Z N A U Y K
E E K W O S Q S B C U O L N Z D
G P Y O X S S Ü S I C K A K A O
E T K L E E C P L O K M X P B B
U B G E Y Q J J A G E A K S A J
J B L D A V P F M I R M A E K H
```

ZUCKER	ESSEN
BITTER	KÖSTLICH
ERDNÜSSE	SÜSS
ANTIOXIDANS	EXOTISCH
AROMA	FAVORIT
HANDWERKLICH	GESCHMACK
KAKAO	ZUTAT
KALORIEN	PULVER
KARAMELL	QUALITÄT
KOKOSNUSS	REZEPT

74 - Governo

```
H  Z  K  U  R  U  A  G  G  G  Q  J  R  U  G  P
F  N  O  I  T  A  N  V  N  P  O  U  G  I  E  O
R  A  A  B  G  C  F  X  U  E  X  S  U  D  R  C
E  T  L  O  B  M  Y  S  S  I  V  T  P  A  E  K
I  I  F  V  V  E  B  H  S  P  S  I  N  T  C  G
H  O  L  I  V  I  Z  C  A  M  N  Z  I  D  H  L
E  N  P  U  I  T  E  I  F  E  E  I  N  E  T  E
I  A  A  N  C  A  R  L  R  F  S  E  N  N  I  I
T  L  V  C  H  R  K  D  E  K  S  L  D  K  G  C
S  T  A  A  T  K  Z  E  V  S  I  L  I  M  K  H
G  J  P  P  M  O  T  I  E  G  D  T  C  A  E  H
E  N  M  H  H  M  I  R  T  U  N  N  I  L  I  E
S  D  E  I  G  E  C  F  J  Q  J  V  D  L  T  I
E  H  E  Q  R  D  W  L  X  E  T  P  A  P  O  T
T  F  N  R  E  R  H  Ü  F  A  Q  J  A  Y  B  P
Z  V  C  T  D  I  S  K  U  S  S  I  O  N  S  G
```

ZIVIL	GERECHTIGKEIT
VERFASSUNG	GESETZ
DEMOKRATIE	FREIHEIT
REDE	FÜHRER
DISKUSSION	DENKMAL
DISSENS	NATIONAL
BEZIRK	NATION
STAAT	FRIEDLICH
GLEICHHEIT	POLITIK
JUSTIZIELL	SYMBOL

75 - Jardinagem

```
S S V B T S O Y D S X S N M B R
L C H H U G W L Q U N P W H Y R
Q P H C S I N A T O B K H L S M
A G Z M O S F N C K H D C Z X H
N H F M U O U O O U A U U H L R
E T Ü L B T J S N S T R A U S S
T S S A A T Z I T X J E L A R T
R A S C S A B A A U L S H B S O
A R V B P L O S I I Y S C O D N
G F X Z A B D T N L A A S K K T
T C R D E R E O E A A W U O L R
S X L S B F N F R A I U F M I T
B A I Z T C E S O X N H B P M L
O F E U C H T I G K E I T O A Z
J J X Q V X T M U X Q M D S O V
S J P W E X O T I S C H K T P K
```

WASSER
BOTANISCH
STRAUSS
KLIMA
ESSBAR
KOMPOST
ART
EXOTISCH
BLÜTE
BLATT

LAUB
SCHLAUCH
OBSTGARTEN
CONTAINER
SAISONAL
SAAT
BODEN
SCHMUTZ
FEUCHTIGKEIT

76 - Profissões #2

```
P H I L O S O P H Q U R G A F I
O W M I K B I O L O G E Ä S O N
Y E M T F F R A L N R H R T R G
B I B L I O T H E K A R T R S E
L G M V Z B Y Y K H D G N O C N
I R O T A R T S U L L I E N H I
N U E X H Y I O U O L F R A E E
G R C U N I I Z O E D T E U R U
U I V X A W L J V R Y M C T J R
I H W J R B E B L F L D U O E H
S C M K Z O H I L I M N X L I N
T V N A T Z R A M N D R H I R W
V X F C L Y E H Y D D J D P B N
H E L Q J E R S L E G O L O O Z
N S S Z Y A R F A R G O T O F U
J O U R N A L I S T K F L A N T
```

BAUER	ERFINDER
ASTRONAUT	FORSCHER
BIBLIOTHEKAR	GÄRTNER
BIOLOGE	JOURNALIST
CHIRURG	LINGUIST
ZAHNARZT	ARZT
INGENIEUR	PILOT
PHILOSOPH	MALER
FOTOGRAF	LEHRER
ILLUSTRATOR	ZOOLOGE

77 - Café

```
A  I  G  G  I  Q  W  E  Q  C  P  G  K  S  A  F
Z  E  N  F  L  Ü  S  S  I  G  K  E  I  T  V  I
E  L  U  R  B  I  N  E  L  H  A  M  O  X  Y  L
G  E  R  Ö  S  T  E  T  S  C  H  W  A  R  Z  T
G  A  P  Y  T  B  G  M  A  Z  M  J  M  U  Z  E
W  A  S  S  E  R  R  T  E  R  C  Z  L  G  U  R
D  K  R  O  Z  N  O  A  J  R  O  P  T  K  C  V
P  O  U  X  K  H  M  S  V  Q  C  M  L  C  K  L
R  F  F  V  V  X  S  S  R  V  M  U  A  A  E  D
E  F  O  X  Z  X  T  E  C  Z  E  I  F  M  R  V
I  E  K  U  K  J  Q  Z  B  H  S  B  L  H  W  R
S  I  Y  P  X  J  J  Z  H  T  H  I  E  C  U  Y
Z  N  W  Q  Q  R  X  Y  V  Y  O  T  I  S  H  S
R  I  G  R  A  V  W  I  Q  J  Z  T  V  E  I  W
C  Q  U  K  G  E  T  R  Ä  N  K  E  D  G  O  P
B  U  T  C  N  F  Q  Y  F  D  E  R  J  Y  N  B
```

ZUCKER	MILCH
BITTER	FLÜSSIGKEIT
AROMA	MORGEN
GERÖSTET	MAHLEN
WASSER	URSPRUNG
GETRÄNK	PREIS
KOFFEIN	SCHWARZ
TASSE	GESCHMACK
CREME	VIELFALT
FILTER	

78 - Negócios

```
T F W T G F Y G Y A N A B E D F
E D U G N E A R E I X R B I F I
L Y S K U R W B K Q Q B I N I N
O G C X R E E I R A K E N K R A
K O M R H I P K N I Q I V O M N
B Ü R O Ä R I O O N K T E M A Z
C H J M W R V S L R J G S M V I
A J D L J A T T I C D E T E E E
K Y G Z S K F E T F M B I N R R
Z S L J M Q Ä N R E U E T S K E
W I R T S C H A F T J R I Y A N
W H A W Q M C J J Z K L O C U T
W A E C Y N S L E G S D N X F T
B L R J L T E G D U B A S U K Q
W X J E G M G R A B A T T R C I
M I T A R B E I T E R Y G E L D
```

KARRIERE	FINANZIEREN
KOSTEN	STEUERN
RABATT	INVESTITION
GELD	GESCHÄFT
WIRTSCHAFT	GEWINN
MITARBEITER	WARE
ARBEITGEBER	WÄHRUNG
FIRMA	BUDGET
BÜRO	EINKOMMEN
FABRIK	VERKAUF

79 - Fazenda #2

```
I  A  M  A  L  Q  X  C  H  L  O  C  Z  Q  D  I
S  W  Q  I  W  D  X  R  J  L  F  A  E  P  Q  N
B  C  A  U  L  G  Y  O  F  T  M  Y  Y  C  D  M
I  H  H  U  K  C  T  V  Q  Y  J  V  Q  E  U  A
E  O  K  Ä  I  K  H  W  T  L  U  C  N  L  X  J
N  E  N  R  F  F  C  I  G  E  R  S  T  E  K  R
E  R  E  I  T  E  U  E  N  U  E  H  C  S  A  B
N  O  Z  R  M  C  R  S  M  V  Q  J  F  Ü  E  G
S  T  I  I  M  A  F  E  B  A  U  E  R  M  I  A
T  K  E  I  A  B  I  X  Q  J  Y  C  F  E  Z  U
O  A  W  R  L  X  T  S  R  E  I  F  H  G  C  D
C  R  O  B  S  T  G  A  R  T  E  N  R  K  B  H
K  T  S  C  H  A  F  Q  H  N  T  J  M  F  V  M
C  T  C  B  E  W  Ä  S  S  E  R  U  N  G  K  C
L  W  A  L  O  A  T  P  I  G  F  D  G  T  P  U
V  Y  P  G  E  A  R  D  T  D  Y  B  Q  S  P  Z
```

BAUER	REIF
TIERE	MAIS
SCHEUNE	SCHAF
GERSTE	SCHÄFER
BIENENSTOCK	ENTE
LAMM	OBSTGARTEN
FRUCHT	WIESE
BEWÄSSERUNG	TRAKTOR
MILCH	WEIZEN
LAMA	GEMÜSE

80 - Jardim

```
D V Y A B U M V V C N E T D O O
B T Y A A D N E D O B F R I Z B
Z U E X U Z E K L E F U A H C S
Y Y S R M I S V R O T E M C V T
Q X T C R J A Z G A X E P U E G
U X E A H A R U K S U T O A R A
B V I R N M S T Z F D T L L A R
L D C H E K F S R O W A I H N T
U G H B T C B F E D T M N C D E
M W C G R A S E S P V E U S A N
E G A R A G K B A N K G A E B J
L G B W G Y D F D N B N Z G W Y
A N X S O J H C W N O Ä E M B R
I D H P F C N I D A Z H K G K L
Y D Q M Z P G R E C H E N L O S
I S B K M N H X G U U I T F W H
```

RECHEN   GARTEN
BUSCH   TEICH
BAUM   HÄNGEMATTE
BANK   SCHLAUCH
ZAUN   SCHAUFEL
UNKRAUT   OBSTGARTEN
BLUME   BODEN
GARAGE   TERRASSE
GRAS   TRAMPOLIN
RASEN   VERANDA

81 - Oceano

```
W E L L E N K C W M Q S H R W X
C M V N M O Q H A V N H P X Q F
K L U M R M Z M L S A L Z F F O
O M P H U L A P A G U Q X M S P
E B O O T E U W A P D F B Y A G
K G C Z S K E T H R K S N W H T
C N I F Y T P Q C C W C C W I I
S E I L A T L R S X S H K M N N
F L N I F E F F I R F I O V P L
G E Z E I T E N F E I L R B G G
K N Y U A Q F I N T S D A F D Z
N R I R H M Y F U S C K L B Q Y
K A A M V V V L H U H R L Q Q B
A G U B Y Z O E T A L Ö E X V G
W P V Y B A C D D W R T X V F S
Z G X O I E L L A U Q E K A R K
```

THUNFISCH	QUALLE
WAL	WELLEN
BOOT	AUSTER
GARNELE	FISCH
KRABBE	KRAKE
KORALLE	RIFF
AAL	SALZ
SCHWAMM	SCHILDKRÖTE
DELFIN	STURM
GEZEITEN	HAI

82 - Profissões #1

```
V O E C U V T R G K Y N A V O F
C B N N A M R H E W R E U E F S
M U S I K E R Z O N A U Q Z F L
T I E R A R Z T L H P R A R E N
E A P Q G J T M O T O M F E O Z
U R H U L J B U G D M P E I J Y
B H X O I I H W E R A T H L E T
B O T S C H A F T E R S R E K S
E D I T O R N W C I E I V W A C
A T O L F E I T U K G N B U S H
G F T Y C Z S D D N Ä A B J T N
R E L T S N Ü K A A J I I Z R E
A E G L Z Ä W J H B I P V Y O I
Z G B H K T V S E E M A N N N D
P S Y C H O L O G E G I D G O E
A N K K A R T O G R A P H E M R
```

SCHNEIDER	BOTSCHAFTER
KÜNSTLER	KLEMPNER
ASTRONOM	GEOLOGE
ATHLET	JUWELIER
BANKIER	SEEMANN
FEUERWEHRMANN	MUSIKER
JÄGER	PIANIST
KARTOGRAPH	PSYCHOLOGE
TÄNZER	TIERARZT
EDITOR	

83 - Abelhas

```
F Y N Ö D C M X Q S S J U R Q B
R P U Z K Z X B A O C W M T B L
U V D N J O E K P N H C U A R Ü
C O U G L U S R Z N W A A O O T
H R R D H U L Y E E A U R P K E
T T P O L L E N S V R Z S O N G
K E H O N I G E L T M G N I E I
E I C S S J Ü Z X L E N E U N R
S L M V Y N L N U A M M B A E A
N H K L M K F A Y F H M E C I U
I A W Ö I B O L Y L N T L R B X
R F M A N G Y F J E U I C X C Z
Z T R P C I D P X I B L U M E N
G R B N N H G V E V Y E K D T B
H V V D A J S I N F K V Q T F A
R F B T J T S L N E T R A G J P
```

FLÜGEL
VORTEILHAFT
WACHS
BIENENKORB
VIELFALT
ÖKOSYSTEM
SCHWARM
BLÜTE
BLUMEN
FRUCHT

RAUCH
LEBENSRAUM
INSEKT
GARTEN
HONIG
PFLANZEN
POLLEN
KÖNIGIN
SONNE

84 - Ciência

```
P  M  C  N  F  N  A  K  V  B  V  I  V  Y  U  P
N  F  E  C  H  E  M  I  S  C  H  D  A  T  E  N
V  S  L  T  N  E  M  I  R  E  P  X  E  G  L  O
D  K  I  A  H  V  O  D  J  K  R  X  O  B  Ü  I
E  S  S  L  N  O  K  I  S  Y  H  P  L  A  K  T
V  O  S  V  Y  Z  D  I  U  F  Y  A  V  F  E  U
U  X  O  H  U  L  E  E  M  B  G  R  M  Q  L  L
N  F  F  E  A  C  H  N  S  U  A  T  O  M  O  O
T  A  T  S  A  C  H  E  I  O  I  I  T  B  M  V
H  M  N  E  A  W  R  S  N  Z  U  K  A  I  A  E
J  I  A  H  A  D  C  F  A  T  Q  E  H  I  X  L
Z  L  T  T  X  G  W  E  G  E  N  L  H  O  J  R
X  K  U  O  I  T  F  A  R  K  R  E  W  H  C  S
H  S  R  P  D  P  V  T  O  T  P  P  A  E  Y  N
P  T  A  Y  M  I  N  E  R  A  L  I  E  N  Y  C
A  E  T  H  F  S  B  Y  U  N  I  Y  F  B  S  X
```

ATOM	LABOR
KLIMA	METHODE
DATEN	MINERALIEN
EVOLUTION	MOLEKÜLE
EXPERIMENT	NATUR
TATSACHE	ORGANISMUS
PHYSIK	PARTIKEL
FOSSIL	PFLANZEN
SCHWERKRAFT	CHEMISCH
HYPOTHESE	

85 - Cores

```
L  L  B  V  D  J  A  P  I  V  K  Q  F  F  G  B
C  I  D  G  L  O  F  V  L  N  T  L  S  Z  R  J
L  S  L  S  E  P  I  A  R  B  R  C  R  C  A  V
A  S  Q  A  Y  L  A  N  N  P  Y  Q  C  B  U  U
Z  I  I  F  E  T  M  Q  E  K  V  V  U  E  U  D
P  E  G  N  A  R  O  O  H  G  G  L  A  D  G  S
Y  W  E  I  S  H  C  U  F  R  J  F  M  K  V  U
Z  U  L  C  O  P  I  A  G  Ü  Y  K  T  M  M  W
Y  J  B  W  R  U  Y  L  Z  N  L  D  U  A  E  P
F  M  U  D  W  R  C  B  R  Y  M  Z  W  G  X  U
B  A  M  R  G  P  N  E  L  I  A  N  M  B  L  F
Q  M  V  S  K  U  D  P  L  A  T  N  E  G  A  M
G  U  E  U  D  R  L  J  J  O  O  G  U  A  M  Q
S  C  H  W  A  R  Z  Y  N  M  R  M  H  A  Q  W
D  X  N  X  C  G  R  A  M  T  N  V  P  C  R  S
V  I  O  L  E  T  T  S  K  W  U  E  G  I  E  B
```

GELB	MAGENTA
BLAU	BRAUN
BEIGE	SCHWARZ
WEISS	ROSA
PURPUR	LILA
ZYAN	SEPIA
GRAU	GRÜN
FUCHSIE	ROT
ORANGE	VIOLETT

86 - Comida #1

```
M O B L D I I X P S G I Z K J B
N C D S P I N A T M I Z W N R W
N O W I K P Q Y A M B Y I O G J
P Q N Q X S E D L Q V B E B N K
Z D C M I L C H A N O S B L A W
L U P R R G E T S R E G E A D P
A P R I K O S E H W V F L U T N
S E P P U S S N B U M L M C J Z
F T R E N N U O K Ü N A U H A U
N T G D Q J N R A L R F K B U C
W O V Y B N D T S S C A I R J K
U R V G D E R I A O I K L S E E
K A R X G H E Z F X C N I Y C R
D K U Y T C O R T L D D S Y U H
I X Z U G U J G E S D I A D N O
C P O W O K H E D O J Q B Y S K
```

ZUCKER
KNOBLAUCH
ERDNUSS
THUNFISCH
KUCHEN
ZIMT
ZWIEBEL
KAROTTE
GERSTE
APRIKOSE

SPINAT
MILCH
ZITRONE
BASILIKUM
ERDBEERE
RÜBE
SALZ
SALAT
SUPPE
SAFT

87 - Geometria

```
U  Z  X  Z  O  U  D  P  Y  A  W  J  B  M  C  T
L  A  T  N  O  Z  I  R  O  H  I  L  E  H  Ö  H
K  R  E  I  S  R  M  A  W  G  N  C  R  V  N  B
T  T  N  E  M  G  E  S  G  R  K  C  E  E  P  O
D  Q  F  N  J  L  N  Q  G  Y  E  Z  C  R  Q  B
P  U  Q  X  N  O  S  U  N  J  L  E  H  T  J  E
D  A  R  U  A  G  I  V  H  I  F  I  N  I  Y  R
R  Y  R  C  Q  I  O  G  R  C  E  R  U  K  M  F
E  K  O  A  H  K  N  R  O  X  I  T  N  A  E  L
I  U  O  K  L  M  Z  C  M  S  R  E  G  L  D  Ä
E  R  Z  U  C  L  E  J  X  M  O  M  L  D  I  C
C  V  U  O  I  I  E  S  Z  K  E  M  Z  G  A  H
K  E  O  C  K  E  V  L  S  G  H  Y  N  N  N  E
M  A  S  S  E  T  A  F  Q  E  T  S  G  E  F  E
O  E  X  R  I  N  T  C  Z  Q  R  J  N  M  U  M
G  R  M  K  R  A  K  Q  D  R  F  K  F  Y  U  L
```

HÖHE	MASSE
WINKEL	MEDIAN
BERECHNUNG	PARALLEL
KREIS	ANTEIL
KURVE	SEGMENT
DURCHMESSER	SYMMETRIE
DIMENSION	OBERFLÄCHE
GLEICHUNG	THEORIE
HORIZONTAL	DREIECK
LOGIK	VERTIKAL

88 - Pássaros

```
S T O R C H J W V E P H U Q R V
M D T V K X L I M N T Q U W T W
A W I R E H I E R T W O S H P J
M Ö W E J M E J A E S D T C N H
S M F L G P I N G U I N R M R R
X T L D C A K R Ä H E N A G C B
A T A A I T P O V S W Y U A F P
T W M T Z L T A H T C H S N N A
F K I O O G D F P A O H S S Q J
R P N U K C U K C U K C W N S J
E O G C W P W D I B N F X A B I
Y C O A D V J J L E S T N K N M
D E N N C U T H H R P D E I Y Q
A N Z Y S F L C U L A U Y L P P
H H R H L R V J N Q T O T E A S
V E K H Q C H J Z F Z X M P B A
```

STRAUSS	REIHER
ADLER	EI
STORCH	PAPAGEI
SCHWAN	SPATZ
KRÄHE	ENTE
KUCKUCK	PFAU
FLAMINGO	PELIKAN
HUHN	PINGUIN
MÖWE	TAUBE
GANS	TOUCAN

89 - Literatura

```
A V S T I L I D A O K F Y G B S
M U E T O D K E N A Q R J L I B
E R T R C C M L K R E I M N O E
H H W O G O L A I D R A H Z G S
T Y F B R L P E N T F V C Q R C
G T Q W A P E M E I N U N G A H
E H X U L Y W I W C A K A Z P R
D M E W L Q Q H C N M A T K H E
I U S R H P L O A H O L I N I I
C S U E Z L C R C P R V D V E B
H L P H X Ä C J W X H B T X R U
T X Y P X H H C S I T E O P Z N
U S K A E S Y L A N A K X C S G
F I K T I O N F E I G O L A N A
E E C E I D Ö G A R T P N D J Y
I R J M I E J O H F C E C F H S
```

ANALOGIE	METAPHER
ANALYSE	ERZÄHLER
ANEKDOTE	MEINUNG
AUTOR	GEDICHT
BIOGRAPHIE	POETISCH
VERGLEICH	REIM
BESCHREIBUNG	RHYTHMUS
DIALOG	ROMAN
STIL	THEMA
FIKTION	TRAGÖDIE

90 - Química

```
O R G A N I S C H R I G K Q S A
W E O N U K L E A R O N I E I G
D U D L F R M D F X N N L N V D
C A J G H Q J B U W F L T Z V H
O J Y V A C X H R L D T H Y K Q
S A U E R S T O F F I Z C M W Y
M W I B Z F P A L K A L I S C H
E O F F O T S R E S S A W E G Q
X K L G N N I W Q D I S E L A D
B W X E Y D P H H R M H G E S N
W P Q R K E L E M E N T E K D K
H A W U B Ü P Z K J A T H T U N
D L Q Ä Y G L C G J A A J R T G
A B H S V B G U M T Q Q N O Z G
K O H L E N S T O F F H K N X U
K A T A L Y S A T O R S T I O T
```

ALKALISCH	GAS
SÄURE	WASSERSTOFF
HITZE	ION
KOHLENSTOFF	MOLEKÜL
KATALYSATOR	NUKLEAR
CHLOR	ORGANISCH
ELEMENTE	SAUERSTOFF
ELEKTRON	GEWICHT
ENZYM	SALZ

91 - Clima

```
B R L E R R Ü D S T I B B U T H
L V H R L K W N D N X L O E R U
L P V Ä Y B H I Z A M I L K O R
B K O H T Q S W N P K T D L C R
T E M P E R A T U R R Z P O K I
B P R S P S I Q I I O E U W E K
W G D O N N E R A L O P I T N A
I I K M D H J D X M N K M S E N
R U O T N A T R O P I S C H G M
A K M A A T N C H T Q L J B O O
M N E B E L P R R I W W F O B C
M G S F W G O Q O E M K I O N E
J X I M O N S U N T R M R L E O
N Q R X K T T Q X Z U Q E A G U
R W B W Q I A S V R T H L L E M
S Y Z P N D G B X M S Z F S R I
```

REGENBOGEN
ATMOSPHÄRE
BRISE
HIMMEL
KLIMA
HURRIKAN
EIS
MONSUN
NEBEL
WOLKE

POLAR
BLITZ
DÜRRE
TROCKEN
TEMPERATUR
STURM
TORNADO
TROPISCH
DONNER
WIND

92 - Tecnologia

```
D X R L Z N W C I D U M D N N J
Y I E T A D P U W N J G P C P D
M V G C G O L R G E T R P W L W
G P F I F I M S C T D E C J P H
X N Z U T Y Q O W A I S R G A C
M Z C Y C A I R C D Y W Q N B U
E H E X D T L K R K X O Y O E N
N A C H R I C H T K I R Q L E T
F O R S C H U N G O L B P L Q Z
V Z E G E S O F T W A R E E T S
I R T R A T F I R H C S X U N Q
R U U A F N Y S T A T I S T I K
U X P N F W I B K M H T F R Y P
S P M R I H C S D L I B F I X F
T I O S I C H E R H E I T V W S
Q Z C V T L J K A M E R A Z B B
```

DATEI   INTERNET
BLOG   NACHRICHT
BYTES   BROWSER
KAMERA   FORSCHUNG
COMPUTER   SICHERHEIT
CURSOR   SOFTWARE
DATEN   BILDSCHIRM
DIGITAL   VIRTUELL
STATISTIK   VIRUS
SCHRIFTART

93 - Arte

```
S U M S I L A E R R U S M P I E
F K B Q E A U S D R U C K E N H
G N U M M I T S I U G T S R S R
O X E L P M O K C B W E Y S P L
D Q C P P V I S U E L L M Ö I I
N E R E I T Ä R T R O P B N R C
I J R U B J U X G B V O O L I H
N M Z B U M I R E O H S L I E W
T A X W P X H W G D V A H C R P
U K H C Z Z C H E H L T Y H T O
O R I G I N A L N K H Ä Y K K E
F I Z M C O F P S V N L M L K S
B L J O A X N V T U V F D E U I
V Z V L R R I E A D U T I Y G E
J X I O L H E D N E F F A H C S
R P T H G U T K D J U A X K B C
```

KERAMIK	PERSÖNLICH
KOMPLEX	GEMÄLDE
SCHAFFEN	POESIE
SKULPTUR	PORTRÄTIEREN
AUSDRUCK	EINFACH
EHRLICH	SYMBOL
STIMMUNG	GEGENSTAND
INSPIRIERT	SURREALISMUS
ORIGINAL	VISUELL

94 - Diplomacia

```
Y O A T I E K G I T H C E R E G
P F N K Z T I N K X G W U R N N
I B X B U H T U O Z E A N E H U
M N Y P F I I R N H M G O T C S
M O T K P K L E F Y E V I F S Ö
V W H E H N O I L R I Q S A I L
U Y B I G C P G I J N J S H T W
I E R E E R W E K R S O U C A C
D R C K R F I R T H C A K S M N
B M B E W A L T F A H C S T O B
J Ü H T L P T U Ä B A T I O L I
D E R A Y C J E K T F S D B P L
R S Y G K C R P R S T N U U I F
E G T I E H R E H C I S T V D P
B G F E X R S P R A C H E N W I
A U F L Ö S U N G V E R T R A G
```

BÜRGER	REGIERUNG
GEMEINSCHAFT	INTEGRITÄT
KONFLIKT	GERECHTIGKEIT
BERATER	SPRACHEN
DIPLOMATISCH	POLITIK
DISKUSSION	AUFLÖSUNG
BOTSCHAFT	SICHERHEIT
BOTSCHAFTER	LÖSUNG
ETHIK	VERTRAG

95 - Comida # 2

```
F  S  C  H  O  K  O  L  A  D  E  B  U  A  R  T
I  W  L  E  D  N  A  M  S  U  T  N  Z  P  X  V
S  R  E  N  A  N  A  B  T  R  U  H  G  O  J  C
C  U  F  I  X  L  U  P  Z  E  H  C  S  R  I  K
H  B  P  E  Z  K  Z  P  P  I  J  Y  H  U  A  C
F  N  A  P  P  E  J  F  A  S  X  O  H  S  S  H
Y  X  K  E  P  X  N  A  U  B  E  R  G  I  N  E
A  D  A  I  Q  R  S  H  B  R  O  K  K  O  L  I
P  I  L  Z  W  T  C  S  U  A  K  Ä  S  E  G  P
B  S  E  D  Z  I  H  K  K  H  J  C  Y  B  A  O
H  T  W  W  I  E  I  W  N  G  G  H  B  U  P  C
F  O  F  V  S  J  N  O  W  T  F  C  X  C  U  X
K  M  M  N  I  Q  K  V  N  C  W  Q  C  M  A  X
E  A  Q  H  I  T  E  F  V  Q  K  P  Y  R  B  U
X  T  O  M  C  V  N  E  P  I  N  H  U  I  X  H
T  E  K  C  O  H  C  S  I  T  R  A  C  E  L  R
```

ARTISCHOCKE	JOGHURT
MANDEL	KIWI
REIS	APFEL
BANANE	EI
AUBERGINE	FISCH
BROKKOLI	SCHINKEN
KIRSCHE	KÄSE
SCHOKOLADE	TOMATE
PILZ	WEIZEN
HUHN	TRAUBE

96 - Universo

```
S T T I E R K R E I S V Z V S A
H U S O L A R X Z A U U G C R T
Y T T B R E I T E I X A L A G M
D L I O N K J J H S C V V W J O
E E B N H O L M O N O R T S A S
I M R O E S Z P R O T A U Q Ä P
M M O Y G M Z Y I A O O W M P H
O I T N U I H J Z U B W Y R U Ä
N H Y J D S D I O R E T S A M R
O O V A R C X B N U W R H K I E
R Q Y O L H D W T A B K L C N T
T E L E S K O P L R X C L D I T
S H I M M L I S C H X O U A Z S
A C Z E U L Ä N G E N G R A D W
S O N N E N W E N D E V O J A E
D X T H E M I S P H Ä R E V M D
```

ASTEROID	HORIZONT
ASTRONOMIE	BREITE
ASTRONOM	LÄNGENGRAD
ATMOSPHÄRE	MOND
HIMMLISCH	ORBIT
HIMMEL	SOLAR
KOSMISCH	SONNENWENDE
ÄQUATOR	TELESKOP
GALAXIE	SICHTBAR
HEMISPHÄRE	TIERKREIS

97 - Jazz

```
S C H L A G Z E U G K N W U K C
B Y S G T M X R P O Ü N I R O A
D E I L F Y M N W J N X D R N L
Y A R E U A K E D S S G Y N Z T
A Y E Ü I B V G C G T K E F E R
J H T D H N B O W C L I T S R D
U E S T Q M F T R U E N T U T K
V N E F K U T L B I R H G M L S
X X H D O B N W Ü N T C N H L M
U L C Y M L E I O S G E U T P A
C A R H P A L V J X S T N Y E P
L G O J O M A Q W R G E O H L F
M U X Y N Y T R V Y I K T R O Y
R D J A I Q P C U D W E E S V Z
R N M J S M U S I K T L B U S I
H N O I T A S I V O R P M I I M
```

KÜNSTLER
ALBUM
SCHLAGZEUG
LIED
KOMPONIST
KONZERT
STIL
BETONUNG
BERÜHMT
FAVORITEN

GENRE
IMPROVISATION
EINFLÜSSE
MUSIK
NEU
ORCHESTER
RHYTHMUS
TALENT
TECHNIK
ALT

98 - Barcos

```
O  T  T  F  H  Q  B  M  C  H  F  K  A  V  Q  U
C  K  N  L  D  T  E  G  R  G  L  W  S  X  U  G
N  A  U  T  I  S  C  H  E  M  U  E  J  O  B  X
E  J  X  S  B  S  M  D  W  O  S  L  K  M  V  L
M  A  L  A  D  O  T  L  A  T  S  L  D  A  I  Q
Y  K  I  M  N  L  H  I  Z  O  I  E  O  N  N  D
O  Z  E  A  N  F  C  L  D  R  G  N  C  R  X  U
L  W  R  I  R  V  A  P  P  E  T  N  K  N  X  B
P  X  H  B  A  Y  Y  B  E  E  S  J  I  T  P  G
Z  O  Ä  L  V  M  L  D  G  M  A  E  Z  W  B  D
E  E  F  S  E  E  M  A  N  N  B  I  G  Z  P
X  J  H  A  N  K  O  N  P  B  K  B  O  L  N  B
P  G  W  Y  U  T  K  O  U  Q  E  O  K  R  C  G
U  V  Z  E  F  C  E  D  Z  C  R  O  H  X  P  Y
L  X  Z  A  Z  K  H  J  W  N  M  Z  M  H  O  M
L  P  Q  H  S  Z  T  R  U  J  H  G  W  T  E  I
```

ANKER	MEER
FÄHRE	TIDE
BOJE	SEEMANN
KAJAK	MAST
KANU	MOTOR
SEIL	NAUTISCH
DOCK	OZEAN
YACHT	WELLEN
FLOSS	FLUSS
SEE	CREW

99 - Mamíferos

```
H B J P K G F P P P I T Q R S U
G R Q K D A H A F U Q V T P C F
N I F L E D J C E W Ö L A W H S
F W R E B I B N R U Q N R D A T
N U B A Z T J G D C X C K C F W
K J C J F U B O W O L F N K B S
C B R H A F T R H G B G O M A K
M Q G T S M E I P X B W P F C O
H S T N V B Y L D B S P H T F J
L A P A G A I L J T J O Q W B O
F E S F G O H A Z M K A T Z E T
K G N E L J U R U G N Ä K Y F E
X F E L T L N B F Q G V T B F Y
S T I E R Y D E X S X V A H A H
N Z Y O N P C Z A U W L A E Z T
P Z A P S Q K A M E L Z U B H E
```

WAL	GIRAFFE
KAMEL	DELFIN
KÄNGURU	GORILLA
BIBER	LÖWE
PFERD	WOLF
HUND	AFFE
HASE	SCHAF
KOJOTE	FUCHS
ELEFANT	STIER
KATZE	ZEBRA

100 - Atividades e Lazer

```
B  A  R  W  B  X  O  G  G  N  I  P  M  A  C  E
A  K  H  M  N  E  X  O  B  O  G  G  T  N  B  N
S  J  Y  O  R  E  X  K  L  N  L  E  G  N  A  T
E  J  I  C  E  Z  K  A  M  X  R  F  H  L  B  S
B  Y  P  G  D  S  A  U  M  L  Q  W  O  L  K  P
A  Z  Y  V  N  H  V  H  N  E  H  C  U  A  T  A
L  R  H  U  A  L  L  A  B  S  S  U  F  B  T  N
L  S  C  H  W  I  M  M  E  N  T  H  J  T  E  N
R  L  H  E  H  U  U  R  D  E  R  O  T  E  N  E
V  E  R  E  N  N  E  N  L  F  V  B  L  K  N  N
U  Z  I  J  Q  I  J  H  Ä  R  Q  B  E  S  I  D
V  O  R  S  Z  V  A  W  M  U  F  I  U  A  S  E
J  T  Y  Z  E  S  X  Q  E  S  Z  E  H  B  K  O
S  G  X  F  G  B  F  V  G  O  S  S  Q  S  Z  Z
G  A  R  T  E  N  A  R  B  E  I  T  V  Y  M  E
L  W  S  O  V  O  L  L  E  Y  B  A  L  L  W  N
```

CAMPING	GARTENARBEIT
KUNST	TAUCHEN
BASKETBALL	SCHWIMMEN
BASEBALL	ANGELN
BOXEN	GEMÄLDE
WANDERN	ENTSPANNEND
RENNEN	SURFEN
FUSSBALL	TENNIS
GOLF	REISE
HOBBIES	VOLLEYBALL

1 - Dirigindo

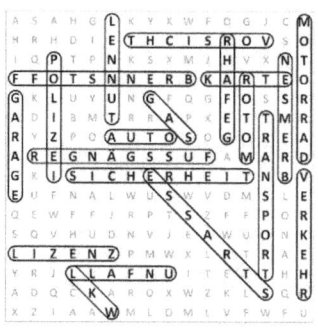

2 - Antiguidades

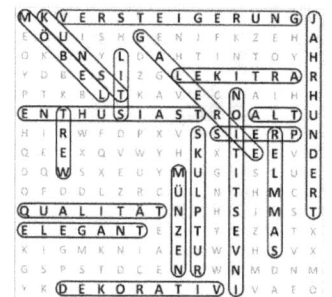

3 - Atividades

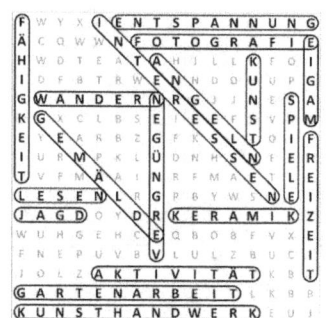

4 - Churrascos

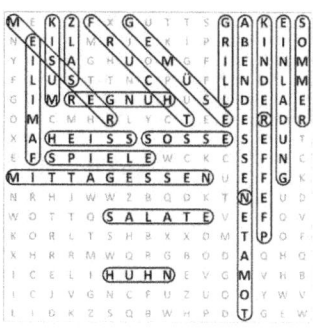

5 - Pesca

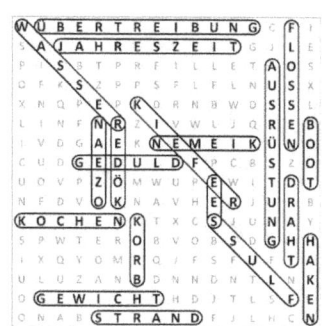

6 - Geologia

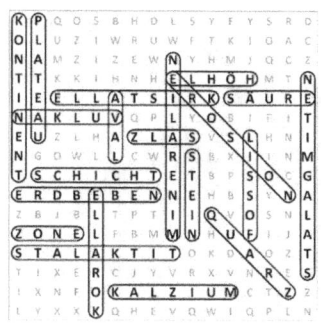

7 - Tempo

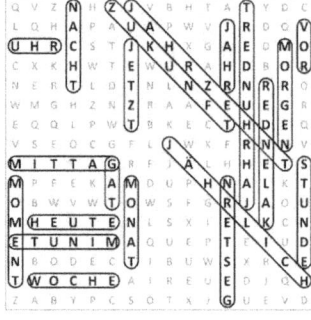

8 - Astronomia

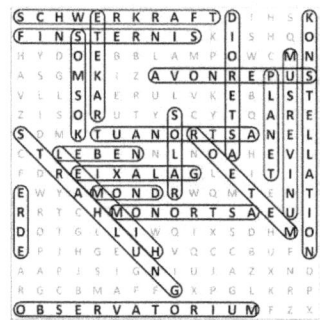

9 - Acampamento

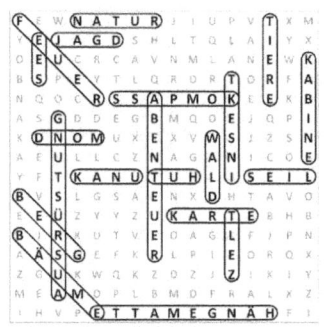

10 - Ficção Científica

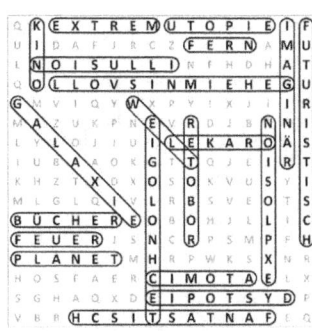

11 - Mitologia

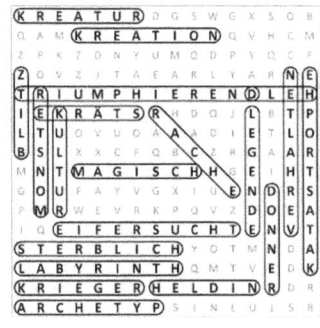

12 - Medições

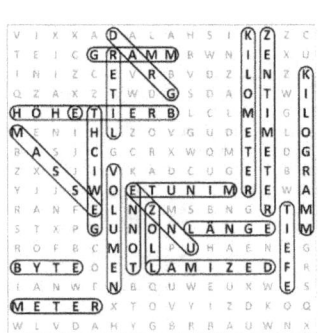

13 - Álgebra

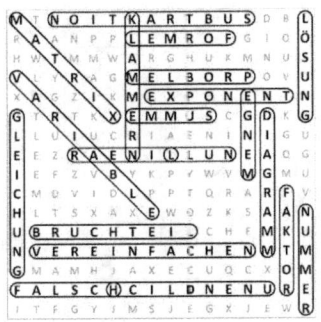

14 - Plantas

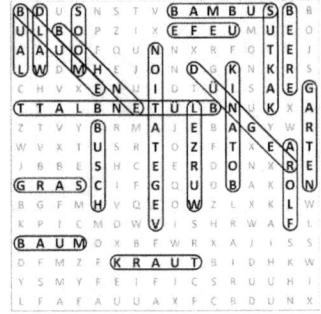

15 - Veículos

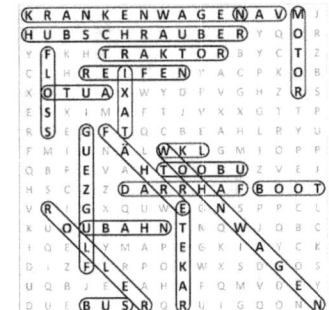

16 - Engenharia

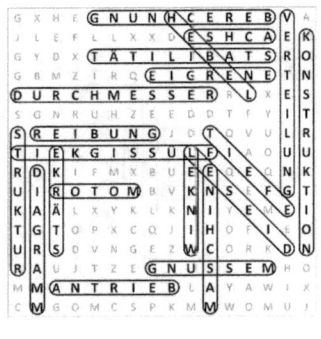

17 - Restaurante # 2

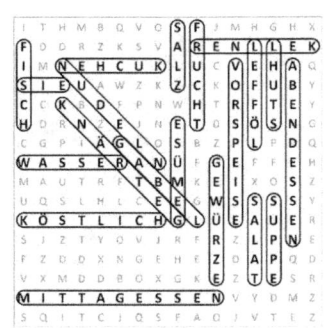

18 - Países #2

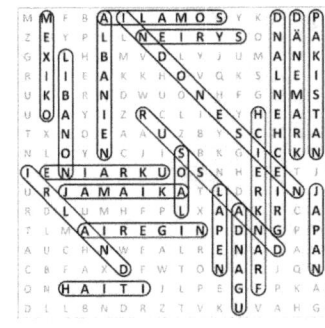

19 - Números

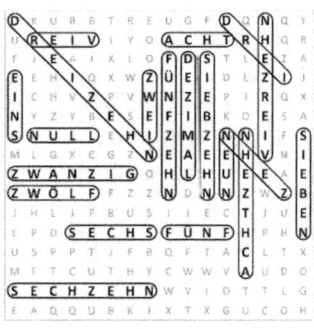

20 - Física

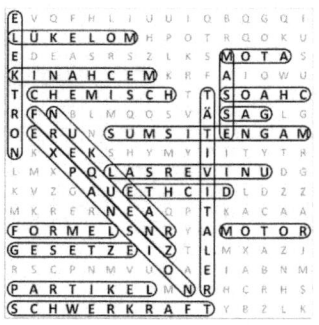

21 - Especiarias

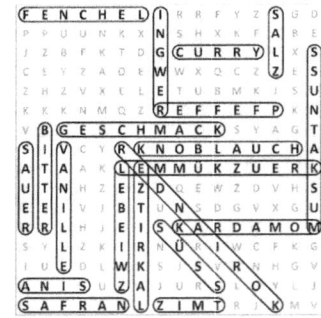

22 - Países #1

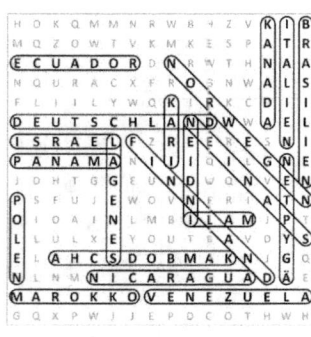

23 - Casa

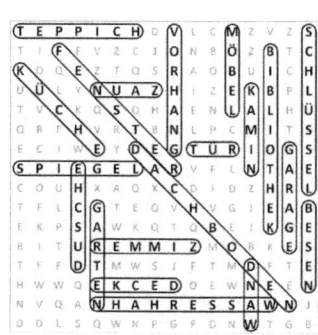

24 - Vegetais

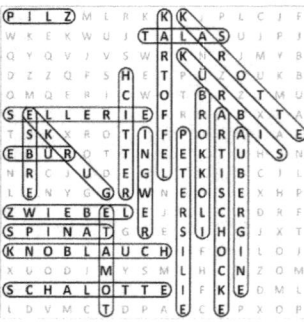

25 - Balé

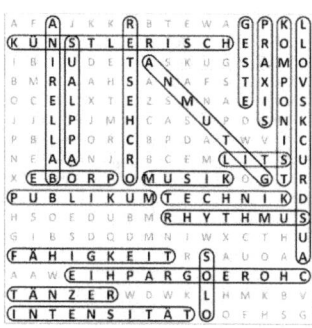

26 - Adjetivos #1

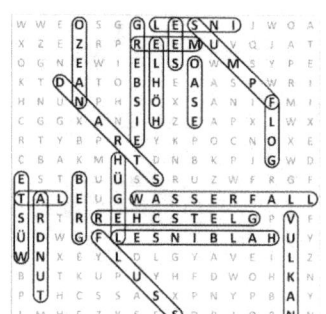

27 - Paisagens

28 - Dança

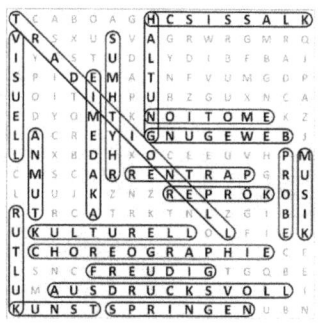

29 - Nutrição

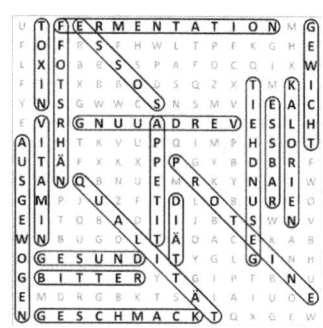

30 - Energia

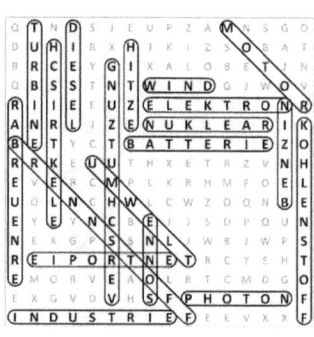

31 - Disciplinas Científicas

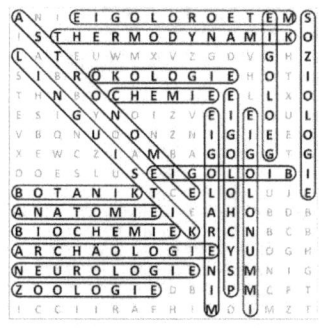

32 - Meditação

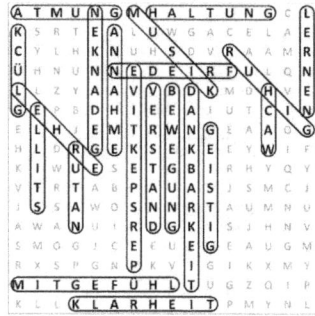

33 - Artes Visuais

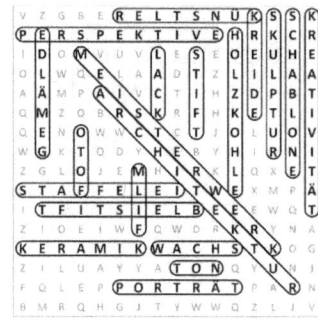

34 - Instrumentos Musicais

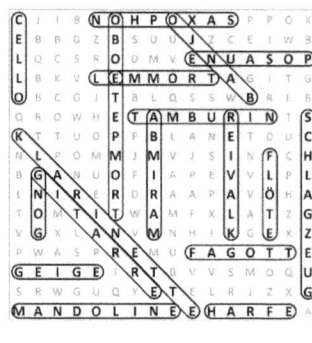

35 - Adjetivos #2

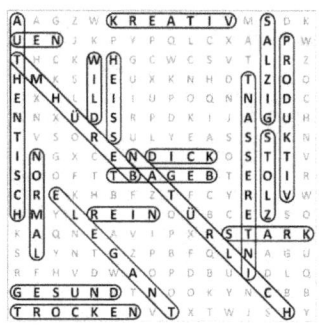

36 - Roupas

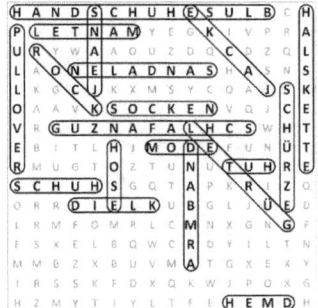

37 - Herbalismo

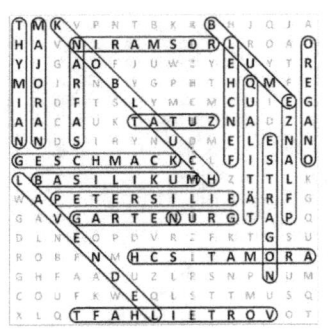

38 - Arqueologia

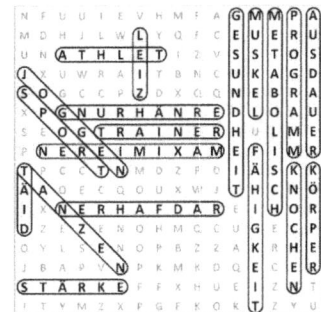

39 - Esporte

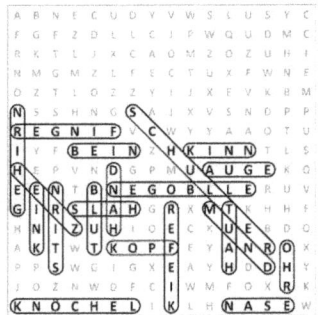

40 - Agronomia

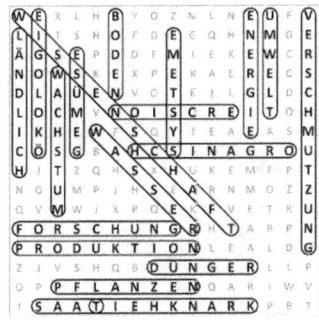

41 - Frutas

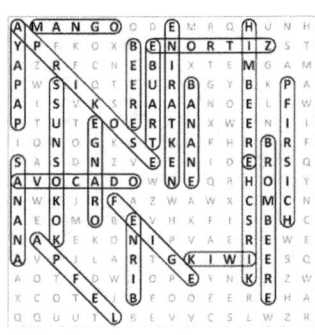

42 - Corpo Humano

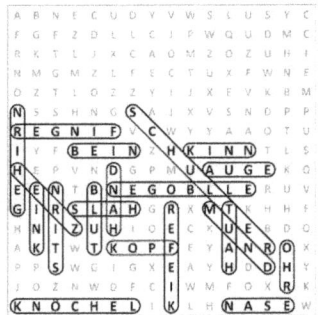

43 - Caminhada

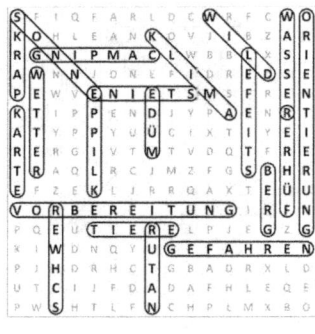

44 - Biologia

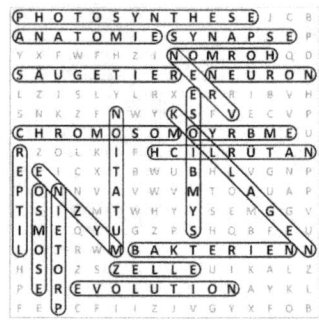

45 - Beleza

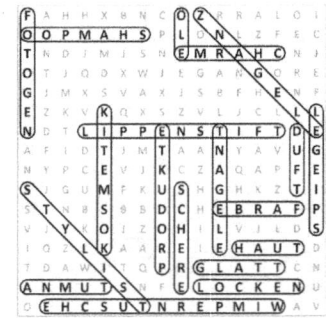

46 - Água

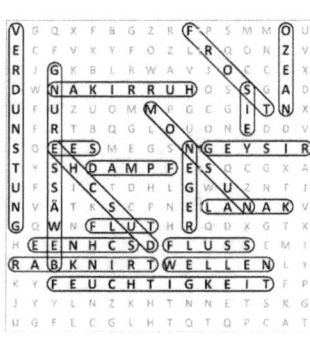

47 - Filantropia

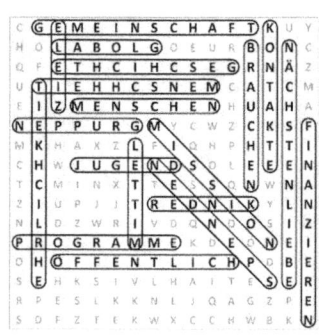

48 - Ecologia

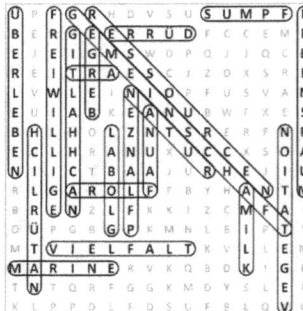

49 - Família

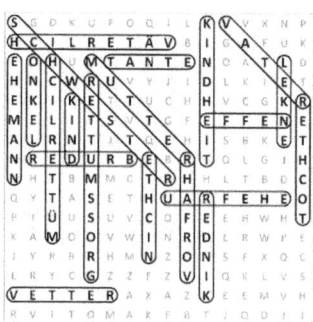

50 - Férias #2

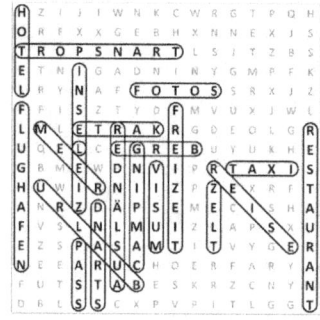

51 - Edifícios

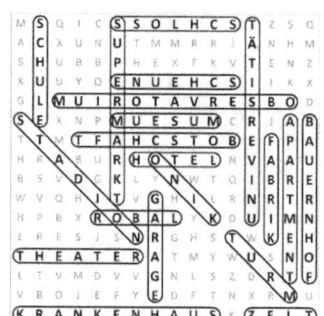

52 - Xadrez

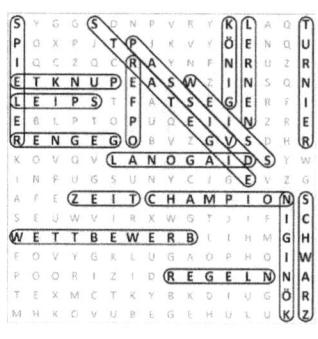

53 - Aventura

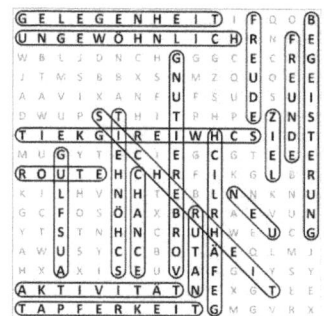

54 - Cidade

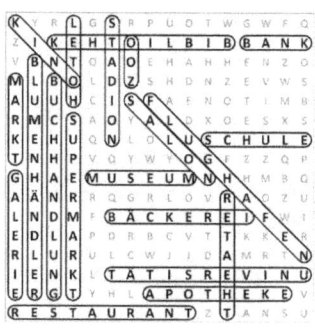

55 - Música

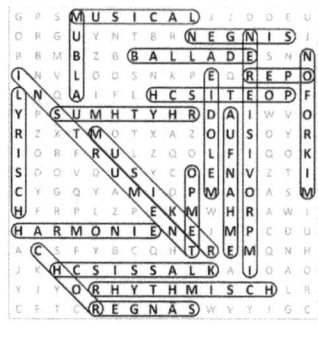

56 - Matemática

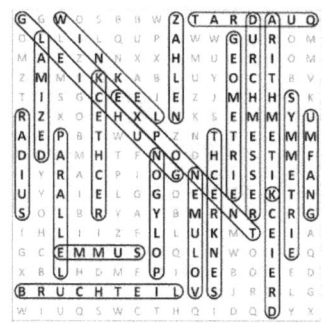

57 - Saúde e Bem Estar #1

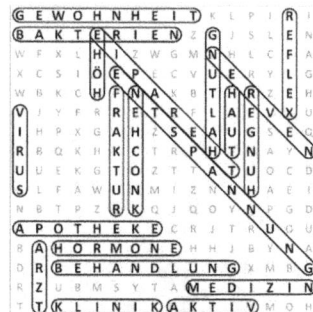

58 - Imigração

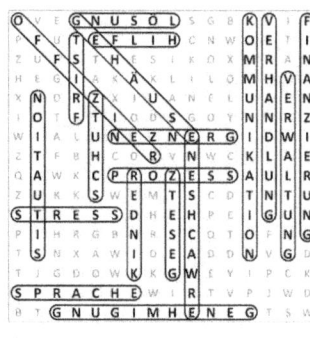

59 - Natureza

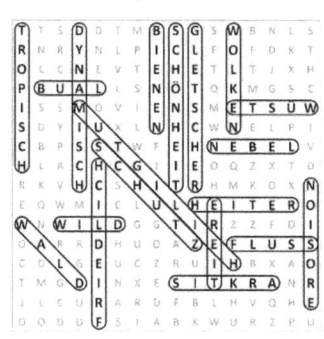

60 - A Empresa

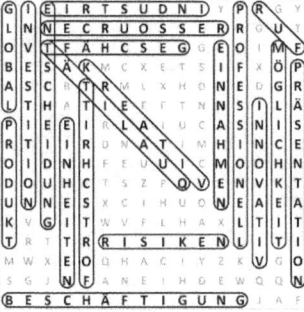

61 - Doença

62 - Aviões

63 - Tipos de Cabelo

64 - Formas

65 - Criatividade

66 - Dias e Meses

67 - Saúde e Bem Estar #2

68 - Geografia

69 - Antártica

70 - Flores

71 - Fazenda #1

72 - Livros

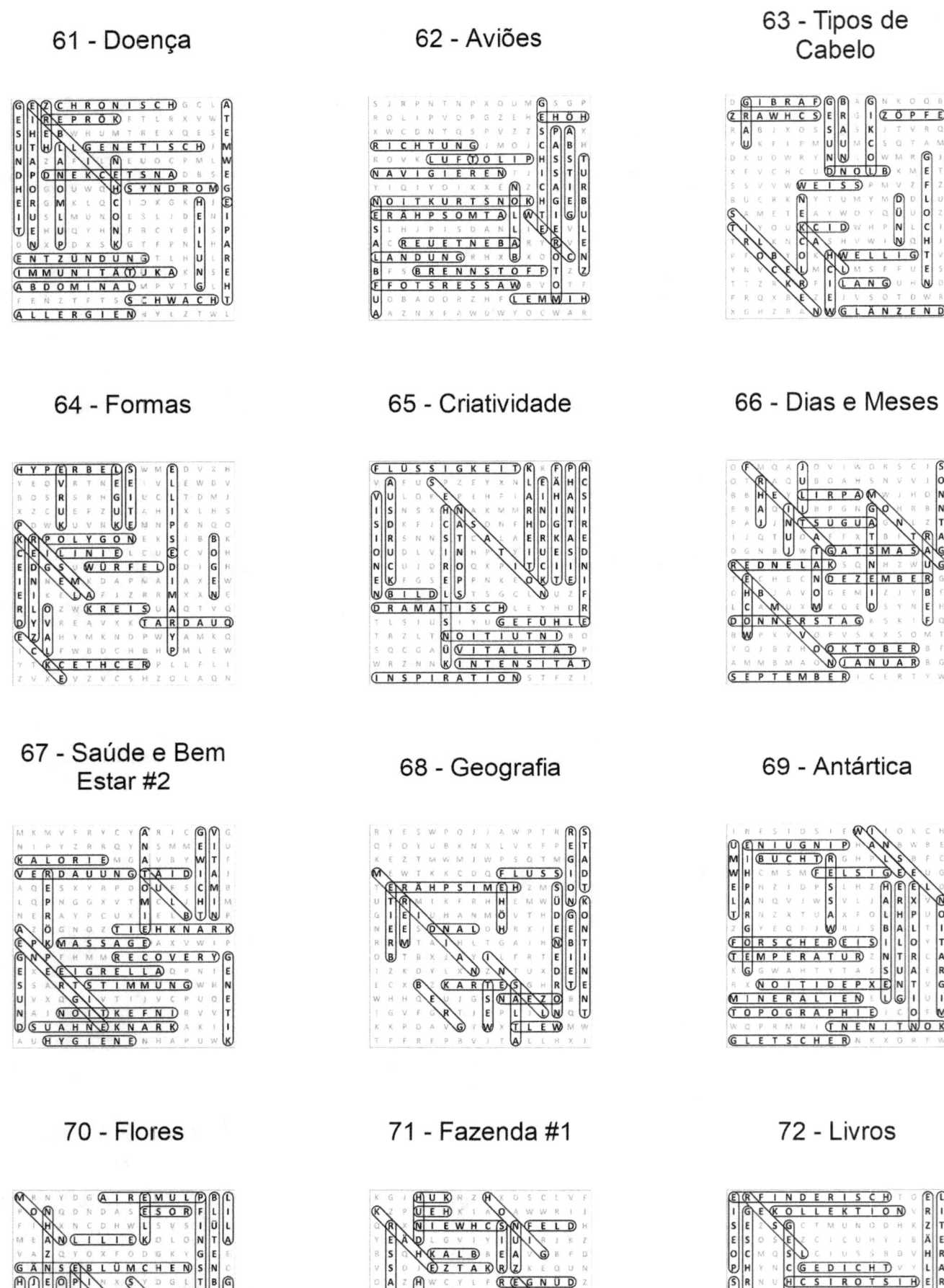

73 - Chocolate

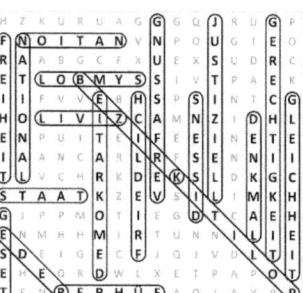

74 - Governo

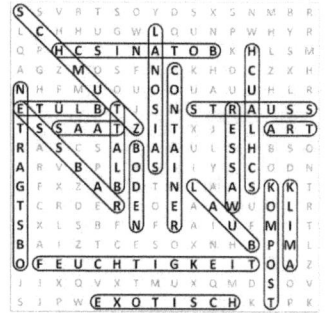

75 - Jardinagem

76 - Profissões #2

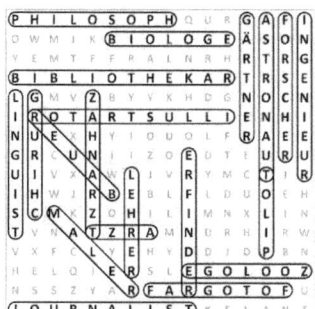

77 - Café

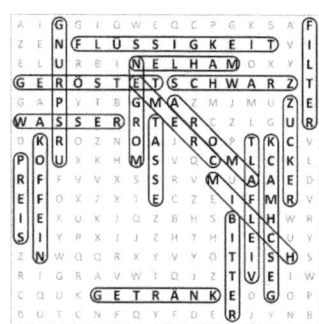

78 - Negócios

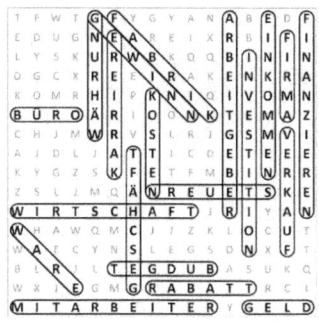

79 - Fazenda #2

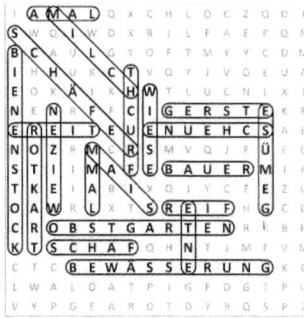

80 - Jardim

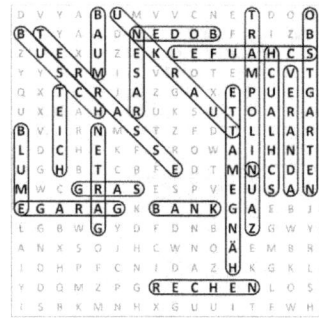

81 - Oceano

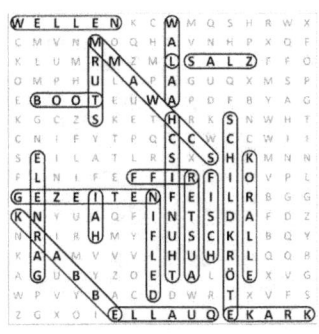

82 - Profissões #1

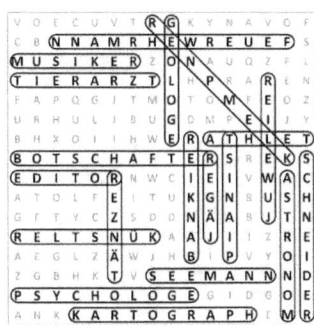

83 - Abelhas

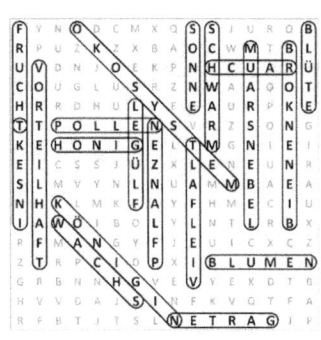

84 - Ciência

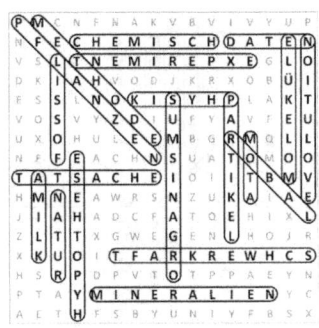

85 - Cores

86 - Comida #1

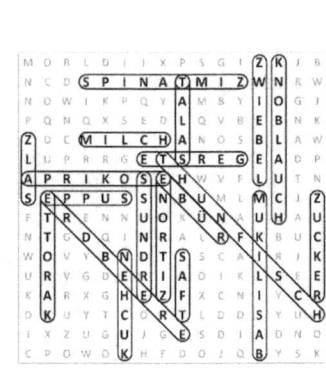

87 - Geometria

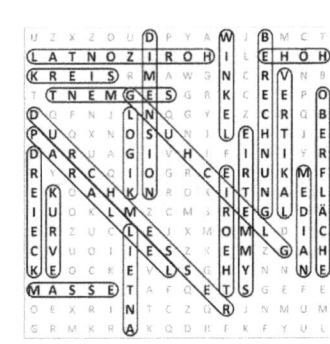

88 - Pássaros

89 - Literatura

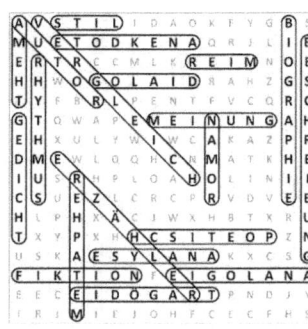

90 - Química

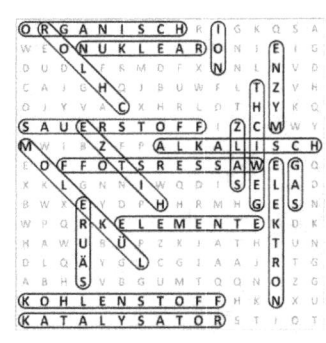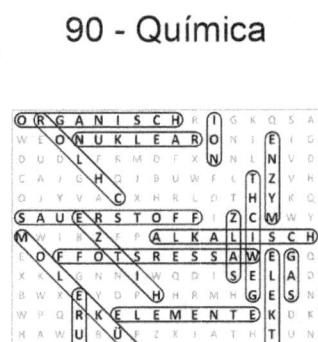

91 - Clima

92 - Tecnologia

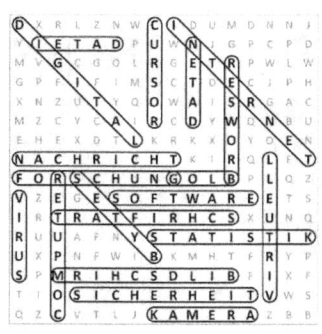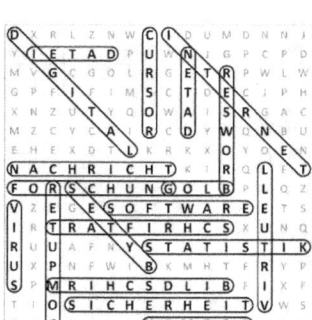

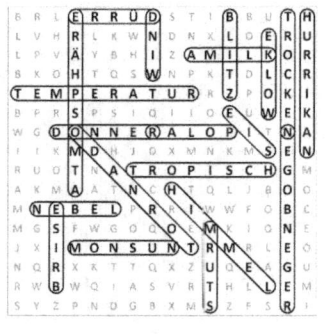

93 - Arte

94 - Diplomacia

95 - Comida # 2

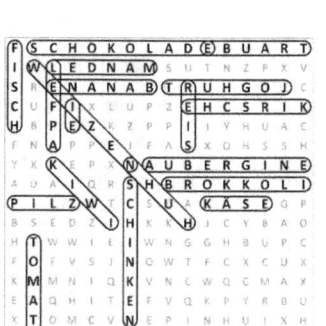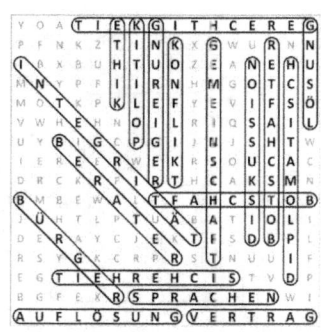

96 - Universo

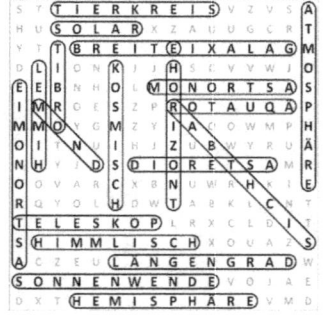

97 - Jazz

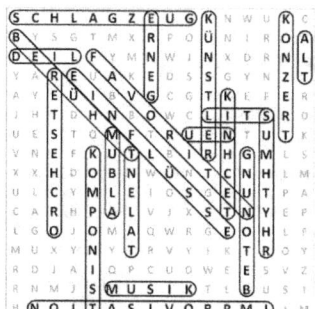

98 - Barcos

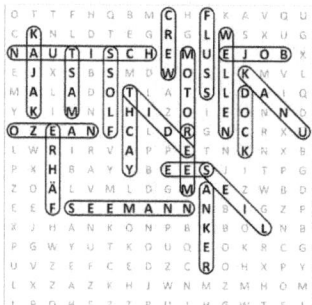

99 - Mamíferos

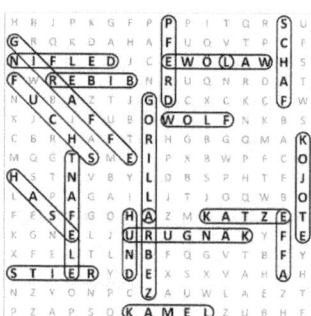

100 - Atividades e Lazer

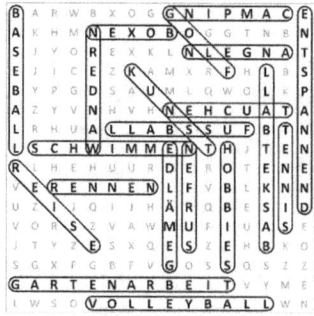

Dicionário

A Empresa
Das Unternehmen

Apresentação	Präsentation
Criativo	Kreativ
Decisão	Entscheidung
Emprego	Beschäftigung
Global	Global
Indústria	Industrie
Inovador	Innovativ
Investimento	Investition
Negócio	Geschäft
Possibilidade	Möglichkeit
Produto	Produkt
Profissional	Professionell
Progresso	Fortschritt
Qualidade	Qualität
Receita	Einnahmen
Recursos	Ressourcen
Reputação	Ruf
Riscos	Risiken
Unidades	Einheiten

Abelhas
Bienen

Asas	Flügel
Benéfico	Vorteilhaft
Cera	Wachs
Colmeia	Bienenkorb
Diversidade	Vielfalt
Ecossistema	Ökosystem
Enxame	Schwarm
Flor	Blüte
Flores	Blumen
Fruta	Frucht
Fumaça	Rauch
Habitat	Lebensraum
Inseto	Insekt
Jardim	Garten
Mel	Honig
Plantas	Pflanzen
Pólen	Pollen
Rainha	Königin
Sol	Sonne

Acampamento
Camping

Animais	Tiere
Aventura	Abenteuer
Árvores	Bäume
Bússola	Kompass
Cabine	Kabine
Caça	Jagd
Canoa	Kanu
Chapéu	Hut
Corda	Seil
Equipamento	Ausrüstung
Floresta	Wald
Fogo	Feuer
Inseto	Insekt
Lago	See
Lua	Mond
Maca	Hängematte
Mapa	Karte
Montanha	Berg
Natureza	Natur
Tenda	Zelt

Adjetivos #1
Adjektive #1

Absoluto	Absolut
Aromático	Aromatisch
Artístico	Künstlerisch
Atraente	Attraktiv
Enorme	Riesig
Escuro	Dunkel
Exótico	Exotisch
Fino	Dünn
Generoso	Grosszügig
Grande	Gross
Honesto	Ehrlich
Idêntico	Identisch
Importante	Wichtig
Lento	Langsam
Misterioso	Geheimnisvoll
Moderno	Modern
Perfeito	Perfekt
Pesado	Schwer
Sério	Ernst
Valioso	Wertvoll

Adjetivos #2
Adjektive #2

Autêntico	Authentisch
Criativo	Kreativ
Descritivo	Beschreibend
Dotado	Begabt
Elegante	Elegant
Famoso	Berühmt
Forte	Stark
Grosso	Dick
Interessante	Interessant
Natural	Natürlich
Normal	Normal
Novo	Neu
Orgulhoso	Stolz
Produtivo	Produktiv
Puro	Rein
Quente	Heiss
Salgado	Salzig
Saudável	Gesund
Seco	Trocken
Selvagem	Wild

Agronomia
Agronomie

Ambiente	Umwelt
Água	Wasser
Ciência	Wissenschaft
Crescimento	Wachstum
Doenças	Krankheit
Ecologia	Ökologie
Energia	Energie
Erosão	Erosion
Fertilizante	Dünger
Legumes	Gemüse
Orgânico	Organisch
Pesquisa	Forschung
Plantas	Pflanzen
Poluição	Verschmutzung
Produção	Produktion
Rural	Ländlich
Sementes	Saat
Sistemas	Systeme
Solo	Boden
Sustentável	Nachhaltig

Antártica
Antarktis

Ambiente	Umwelt
Água	Wasser
Baía	Bucht
Baleias	Wale
Conservação	Erhaltung
Continente	Kontinent
Expedição	Expedition
Exploração	Exploration
Geleiras	Gletscher
Gelo	Eis
Geografia	Geographie
Ilhas	Inseln
Investigador	Forscher
Migração	Migration
Minerais	Mineralien
Península	Halbinsel
Pinguins	Pinguine
Rochoso	Felsig
Temperatura	Temperatur
Topografia	Topographie

Antiguidades
Antiquitäten

Arte	Kunst
Autêntico	Authentisch
Coletor	Sammler
Decorativo	Dekorativ
Elegante	Elegant
Entusiasta	Enthusiast
Escultura	Skulptur
Estilo	Stil
Galeria	Galerie
Incomum	Ungewöhnlich
Investimento	Investition
Item	Artikel
Leilão	Versteigerung
Mobiliário	Möbel
Moedas	Münzen
Preço	Preis
Qualidade	Qualität
Século	Jahrhundert
Valor	Wert
Velho	Alt

Arqueologia
Archäologie

Análise	Analyse
Antiguidade	Antiquität
Avaliação	Auswertung
Civilização	Zivilisation
Descendente	Nachkomme
Desconhecido	Unbekannt
Equipe	Mannschaft
Era	Ära
Especialista	Experte
Esquecido	Vergessen
Fóssil	Fossil
Investigador	Forscher
Mistério	Geheimnis
Objetos	Objekte
Ossos	Knochen
Professor	Professor
Relíquia	Relikt
Templo	Tempel
Túmulo	Grab

Arte
Kunst

Cerâmica	Keramik
Complexo	Komplex
Criar	Schaffen
Escultura	Skulptur
Expressão	Ausdruck
Honesto	Ehrlich
Humor	Stimmung
Inspirado	Inspiriert
Original	Original
Pessoal	Persönlich
Pinturas	Gemälde
Poesia	Poesie
Retratar	Porträtieren
Simples	Einfach
Símbolo	Symbol
Sujeito	Gegenstand
Surrealismo	Surrealismus
Visual	Visuell

Artes Visuais
Bildende Kunst

Argila	Ton
Arquitetura	Architektur
Artista	Künstler
Caneta	Stift
Carvão	Holzkohle
Cavalete	Staffelei
Cera	Wachs
Cerâmica	Keramik
Criatividade	Kreativität
Escultura	Skulptur
Estêncil	Schablone
Filme	Film
Fotografia	Foto
Giz	Kreide
Lápis	Bleistift
Obra-Prima	Meisterwerk
Perspectiva	Perspektive
Pintura	Gemälde
Retrato	Porträt
Verniz	Lack

Astronomia
Astronomie

Asteróide	Asteroid
Astronauta	Astronaut
Astrônomo	Astronom
Céu	Himmel
Constelação	Konstellation
Cosmos	Kosmos
Eclipse	Finsternis
Foguete	Rakete
Galáxia	Galaxie
Gravidade	Schwerkraft
Lua	Mond
Meteoro	Meteor
Nebulosa	Nebel
Observatório	Observatorium
Planeta	Planet
Radiação	Strahlung
Solar	Solar
Supernova	Supernova
Terra	Erde
Universo	Universum

Atividades
Aktivitäten

Arte	Kunst
Artesanato	Kunsthandwerk
Atividade	Aktivität
Caca	Jagd
Caminhada	Wandern
Cerâmica	Keramik
Fotografia	Fotografie
Habilidade	Fähigkeit
Interesses	Interessen
Jardinagem	Gartenarbeit
Jogos	Spiele
Lazer	Freizeit
Lendo	Lesen
Magia	Magie
Pesca	Angeln
Pintura	Gemälde
Prazer	Vergnügen
Relaxamento	Entspannung

Atividades e Lazer
Aktivitäten und Freizeit

Acampamento	Camping
Arte	Kunst
Basquete	Basketball
Beisebol	Baseball
Boxe	Boxen
Caminhada	Wandern
Corrida	Rennen
Futebol	Fussball
Golfe	Golf
Hobbies	Hobbies
Jardinagem	Gartenarbeit
Mergulho	Tauchen
Natação	Schwimmen
Pesca	Angeln
Pintura	Gemälde
Relaxante	Entspannend
Surfe	Surfen
Tênis	Tennis
Viagem	Reise
Voleibol	Volleyball

Aventura
Abenteuer

Alegria	Freude
Amigos	Freunde
Atividade	Aktivität
Beleza	Schönheit
Bravura	Tapferkeit
Chance	Chance
Destino	Ziel
Dificuldade	Schwierigkeit
Entusiasmo	Begeisterung
Excursão	Ausflug
Incomum	Ungewöhnlich
Itinerário	Route
Natureza	Natur
Navegação	Navigation
Novo	Neu
Oportunidade	Gelegenheit
Perigoso	Gefährlich
Preparação	Vorbereitung
Segurança	Sicherheit
Surpreendente	Überraschend

Aviões
Flugzeuge

Altura	Höhe
Ar	Luft
Aterrissagem	Landung
Atmosfera	Atmosphäre
Aventura	Abenteuer
Balão	Ballon
Céu	Himmel
Combustível	Brennstoff
Construção	Konstruktion
Descida	Abstieg
Direção	Richtung
Hidrogênio	Wasserstoff
História	Geschichte
Inflar	Aufblasen
Motor	Motor
Navegar	Navigieren
Passageiro	Passagier
Piloto	Pilot
Tripulação	Crew
Turbulência	Turbulenz

Água
Wasser

Canal	Kanal
Chuva	Regen
Chuveiro	Dusche
Evaporação	Verdunstung
Furacão	Hurrikan
Geada	Frost
Gelo	Eis
Geyser	Geysir
Inundação	Flut
Irrigação	Bewässerung
Lago	See
Monção	Monsun
Neve	Schnee
Oceano	Ozean
Ondas	Wellen
Potável	Trinkbar
Rio	Fluss
Umidade	Feuchtigkeit
Vapor	Dampf

Álgebra
Algebra

Diagrama	Diagramm
Equação	Gleichung
Expoente	Exponent
Falso	Falsch
Fator	Faktor
Fórmula	Formel
Fração	Bruchteil
Infinito	Unendlich
Linear	Linear
Matriz	Matrix
Número	Nummer
Parêntese	Klammern
Problema	Problem
Quantidade	Menge
Simplificar	Vereinfachen
Solução	Lösung
Soma	Summe
Subtração	Subtraktion
Variável	Variable
Zero	Null

Balé
Ballett

Aplauso	Applaus
Artístico	Künstlerisch
Bailarina	Ballerina
Compositor	Komponist
Coreografia	Choreographie
Dançarinos	Tänzer
Ensaio	Probe
Estilo	Stil
Expressivo	Ausdrucksvoll
Gesto	Geste
Gracioso	Anmutig
Habilidade	Fähigkeit
Intensidade	Intensität
Música	Musik
Orquestra	Orchester
Prática	Praxis
Público	Publikum
Ritmo	Rhythmus
Solo	Solo
Técnica	Technik

Barcos
Boote

Âncora	Anker
Balsa	Fähre
Bóia	Boje
Caiaque	Kajak
Canoa	Kanu
Corda	Seil
Doca	Dock
Iate	Yacht
Jangada	Floss
Lago	See
Mar	Meer
Maré	Tide
Marinheiro	Seemann
Mastro	Mast
Motor	Motor
Náutico	Nautisch
Oceano	Ozean
Ondas	Wellen
Rio	Fluss
Tripulação	Crew

Beleza
Schönheit

Batom	Lippenstift
Cachos	Locken
Charme	Charme
Cor	Farbe
Cosméticos	Kosmetik
Elegante	Elegant
Elegância	Eleganz
Espelho	Spiegel
Estilista	Stylist
Fotogênico	Fotogen
Fragrância	Duft
Graça	Anmut
Óleos	Öle
Pele	Haut
Produtos	Produkte
Rímel	Wimperntusche
Suave	Glatt
Tesoura	Schere
Xampu	Shampoo

Biologia
Biologie

Anatomia	Anatomie
Bactérias	Bakterien
Célula	Zelle
Colagénio	Kollagen
Cromossoma	Chromosom
Embrião	Embryo
Enzima	Enzym
Evolução	Evolution
Fotossíntese	Photosynthese
Hormona	Hormon
Mamífero	Säugetier
Mutação	Mutation
Natural	Natürlich
Nervo	Nerv
Neurônio	Neuron
Osmose	Osmose
Proteína	Protein
Réptil	Reptil
Simbiose	Symbiose
Sinapse	Synapse

Café
Kaffee

Açúcar	Zucker
Amargo	Bitter
Aroma	Aroma
Assado	Geröstet
Água	Wasser
Bebida	Getränk
Cafeína	Koffein
Copa	Tasse
Creme	Creme
Filtro	Filter
Leite	Milch
Líquido	Flüssigkeit
Manhã	Morgen
Moer	Mahlen
Origem	Ursprung
Preço	Preis
Preto	Schwarz
Sabor	Geschmack
Variedade	Vielfalt

Caminhada
Wandern

Acampamento	Camping
Animais	Tiere
Água	Wasser
Botas	Stiefel
Cansado	Müde
Clima	Klima
Guias	Führer
Mapa	Karte
Montanha	Berg
Natureza	Natur
Orientação	Orientierung
Parques	Parks
Pedras	Steine
Penhasco	Klippe
Perigos	Gefahren
Pesado	Schwer
Preparação	Vorbereitung
Selvagem	Wild
Sol	Sonne
Tempo	Wetter

Casa
Haus

Biblioteca	Bibliothek
Cerca	Zaun
Chaves	Schlüssel
Chuveiro	Dusche
Cortinas	Vorhang
Cozinha	Küche
Espelho	Spiegel
Garagem	Garage
Janela	Fenster
Jardim	Garten
Lareira	Kamin
Mobiliário	Möbel
Parede	Wand
Porta	Tür
Quarto	Zimmer
Sótão	Dachboden
Tapete	Teppich
Teto	Decke
Torneira	Wasserhahn
Vassoura	Besen

Chocolate
Schokolade

Açúcar	Zucker
Amargo	Bitter
Amendoins	Erdnüsse
Antioxidante	Antioxidans
Aroma	Aroma
Artesanal	Handwerklich
Cacau	Kakao
Calorias	Kalorien
Caramelo	Karamell
Coco	Kokosnuss
Comer	Essen
Delicioso	Köstlich
Doce	Süss
Exótico	Exotisch
Favorito	Favorit
Gosto	Geschmack
Ingrediente	Zutat
Pó	Pulver
Qualidade	Qualität
Receita	Rezept

Churrascos
Barbecues

Almoço	Mittagessen
Convite	Einladung
Crianças	Kinder
Facas	Messer
Família	Familie
Fome	Hunger
Frango	Huhn
Fruta	Frucht
Grelha	Grill
Jantar	Abendessen
Jogos	Spiele
Legumes	Gemüse
Molho	Sosse
Música	Musik
Pimenta	Pfeffer
Quente	Heiss
Sal	Salz
Saladas	Salate
Tomates	Tomaten
Verão	Sommer

Cidade
Stadt

Aeroporto	Flughafen
Banco	Bank
Biblioteca	Bibliothek
Cinema	Kino
Escola	Schule
Estádio	Stadion
Farmácia	Apotheke
Florista	Blumenhändler
Galeria	Galerie
Hotel	Hotel
Jardim Zoológico	Zoo
Livraria	Buchhandlung
Mercado	Markt
Museu	Museum
Padaria	Bäckerei
Restaurante	Restaurant
Salão	Salon
Supermercado	Supermarkt
Teatro	Theater
Universidade	Universität

Ciência
Wissenschaft

Átomo	Atom
Clima	Klima
Dados	Daten
Evolução	Evolution
Experiência	Experiment
Fato	Tatsache
Física	Physik
Fóssil	Fossil
Gravidade	Schwerkraft
Hipótese	Hypothese
Laboratório	Labor
Método	Methode
Minerais	Mineralien
Moléculas	Moleküle
Natureza	Natur
Organismo	Organismus
Partículas	Partikel
Plantas	Pflanzen
Químico	Chemisch

Clima
Wetter

Arco-Íris	Regenbogen
Atmosfera	Atmosphäre
Brisa	Brise
Céu	Himmel
Clima	Klima
Furacão	Hurrikan
Gelo	Eis
Monção	Monsun
Nevoeiro	Nebel
Nuvem	Wolke
Polar	Polar
Relâmpago	Blitz
Seca	Dürre
Seco	Trocken
Temperatura	Temperatur
Tempestade	Sturm
Tornado	Tornado
Tropical	Tropisch
Trovão	Donner
Vento	Wind

Comida # 2
Essen #2

Alcachofra	Artischocke
Amêndoa	Mandel
Arroz	Reis
Banana	Banane
Beringela	Aubergine
Brócolis	Brokkoli
Cereja	Kirsche
Chocolate	Schokolade
Cogumelo	Pilz
Frango	Huhn
Iogurte	Joghurt
Kiwi	Kiwi
Maçã	Apfel
Ovo	Ei
Peixe	Fisch
Presunto	Schinken
Queijo	Käse
Tomate	Tomate
Trigo	Weizen
Uva	Traube

Comida #1
Essen #1

Açúcar	Zucker
Alho	Knoblauch
Amendoim	Erdnuss
Atum	Thunfisch
Bolo	Kuchen
Canela	Zimt
Cebola	Zwiebel
Cenoura	Karotte
Cevada	Gerste
Damasco	Aprikose
Espinafre	Spinat
Leite	Milch
Limão	Zitrone
Manjericão	Basilikum
Morango	Erdbeere
Nabo	Rübe
Sal	Salz
Salada	Salat
Sopa	Suppe
Suco	Saft

Cores
Farben

Amarelo	Gelb
Azul	Blau
Bege	Beige
Branco	Weiss
Carmesim	Purpur
Ciano	Zyan
Cinza	Grau
Fuchsia	Fuchsie
Laranja	Orange
Magenta	Magenta
Marrom	Braun
Preto	Schwarz
Rosa	Rosa
Roxo	Lila
Sépia	Sepia
Verde	Grün
Vermelho	Rot
Violeta	Violett

Corpo Humano
Menschlicher Körper

Boca	Mund
Cabeça	Kopf
Cérebro	Gehirn
Coração	Herz
Cotovelo	Ellbogen
Dedo	Finger
Joelho	Knie
Mandíbula	Kiefer
Mão	Hand
Nariz	Nase
Olho	Auge
Ombro	Schulter
Orelha	Ohr
Pele	Haut
Perna	Bein
Pescoço	Hals
Queixo	Kinn
Sangue	Blut
Testa	Stirn
Tornozelo	Knöchel

Criatividade
Kreativität

Artístico	Künstlerisch
Autenticidade	Authentizität
Clareza	Klarheit
Dramático	Dramatisch
Espontânea	Spontan
Expressão	Ausdruck
Fluidez	Flüssigkeit
Habilidade	Fähigkeit
Imagem	Bild
Imaginação	Phantasie
Impressão	Eindruck
Inspiração	Inspiration
Intensidade	Intensität
Intuição	Intuition
Inventivo	Erfinderisch
Sensação	Sensation
Sentimentos	Gefühle
Visões	Visionen
Vitalidade	Vitalität

Dança
Tanzen

Academia	Akademie
Alegre	Freudig
Arte	Kunst
Clássico	Klassisch
Coreografia	Choreographie
Corpo	Körper
Cultura	Kultur
Cultural	Kulturell
Emoção	Emotion
Ensaio	Probe
Expressivo	Ausdrucksvoll
Graça	Anmut
Movimento	Bewegung
Música	Musik
Parceiro	Partner
Postura	Haltung
Ritmo	Rhythmus
Saltar	Springen
Tradicional	Traditionell
Visual	Visuell

Dias e Meses
Tage und Monate

Abril	April
Agosto	August
Ano	Jahr
Calendário	Kalender
Dezembro	Dezember
Domingo	Sonntag
Fevereiro	Februar
Janeiro	Januar
Julho	Juli
Junho	Juni
Mês	Monat
Novembro	November
Outubro	Oktober
Quinta-Feira	Donnerstag
Sábado	Samstag
Segunda-Feira	Montag
Semana	Woche
Setembro	September
Sexta-Feira	Freitag
Terça	Dienstag

Diplomacia
Diplomatie

Cidadãos	Bürger
Comunidade	Gemeinschaft
Conflito	Konflikt
Consultor	Berater
Diplomático	Diplomatisch
Discussão	Diskussion
Embaixada	Botschaft
Embaixador	Botschafter
Estrangeiro	Ausländisch
Ética	Ethik
Governo	Regierung
Humanitário	Humanitär
Integridade	Integrität
Justiça	Gerechtigkeit
Línguas	Sprachen
Política	Politik
Resolução	Auflösung
Segurança	Sicherheit
Solução	Lösung
Tratado	Vertrag

Dirigindo
Fahren

Acidente	Unfall
Caminhão	Lkw
Carro	Auto
Combustível	Brennstoff
Cuidado	Vorsicht
Estrada	Strasse
Freios	Bremsen
Garagem	Garage
Gás	Gas
Licença	Lizenz
Mapa	Karte
Motocicleta	Motorrad
Motor	Motor
Pedestre	Fussgänger
Perigo	Gefahr
Polícia	Polizei
Segurança	Sicherheit
Transporte	Transport
Tráfego	Verkehr
Túnel	Tunnel

Disciplinas Científicas
Wissenschaftliche Disziplinen

Anatomia	Anatomie
Arqueologia	Archäologie
Astronomia	Astronomie
Biologia	Biologie
Bioquímica	Biochemie
Botânica	Botanik
Cinesiologia	Kinesiologie
Ecologia	Ökologie
Fisiologia	Physiologie
Geologia	Geologie
Imunologia	Immunologie
Linguística	Linguistik
Meteorologia	Meteorologie
Mineralogia	Mineralogie
Neurologia	Neurologie
Psicologia	Psychologie
Química	Chemie
Sociologia	Soziologie
Termodinâmica	Thermodynamik
Zoologia	Zoologie

Doença
Krankheit

Abdominal	Abdominal
Agudo	Akut
Alergias	Allergien
Contagioso	Ansteckend
Coração	Herz
Corpo	Körper
Crônica	Chronisch
Cura	Heilung
Fraco	Schwach
Genético	Genetisch
Hereditário	Erblich
Imunidade	Immunität
Inflamação	Entzündung
Neuropatia	Neuropathie
Ossos	Knochen
Pulmonar	Pulmonal
Respiratório	Atemwege
Saúde	Gesundheit
Síndrome	Syndrom
Terapia	Therapie

Ecologia
Ökologie

Clima	Klima
Comunidades	Gemeinschaft
Diversidade	Vielfalt
Espécies	Art
Fauna	Fauna
Flora	Flora
Global	Global
Habitat	Lebensraum
Marinho	Marine
Montanhas	Berge
Natural	Natürlich
Natureza	Natur
Pântano	Sumpf
Plantas	Pflanzen
Recursos	Ressourcen
Seca	Dürre
Sobrevivência	Überleben
Sustentável	Nachhaltig
Vegetação	Vegetation
Voluntários	Freiwillige

Edifícios
Gebäude

Apartamento	Apartment
Castelo	Schloss
Celeiro	Scheune
Cinema	Kino
Embaixada	Botschaft
Escola	Schule
Estádio	Stadion
Fazenda	Bauernhof
Fábrica	Fabrik
Garagem	Garage
Hospital	Krankenhaus
Hotel	Hotel
Laboratório	Labor
Museu	Museum
Observatório	Observatorium
Supermercado	Supermarkt
Teatro	Theater
Tenda	Zelt
Torre	Turm
Universidade	Universität

Energia
Energie

Ambiente	Umwelt
Bateria	Batterie
Calor	Hitze
Carbono	Kohlenstoff
Combustível	Brennstoff
Diesel	Diesel
Elétrico	Elektrisch
Elétron	Elektron
Entropia	Entropie
Fóton	Photon
Gasolina	Benzin
Hidrogênio	Wasserstoff
Indústria	Industrie
Motor	Motor
Nuclear	Nuklear
Poluição	Verschmutzung
Renovável	Erneuerbar
Sol	Sonne
Turbina	Turbine
Vento	Wind

Engenharia
Ingenieurwesen

Alavancas	Hebel
Atrito	Reibung
Ângulo	Winkel
Cálculo	Berechnung
Construção	Konstruktion
Diagrama	Diagramm
Diâmetro	Durchmesser
Diesel	Diesel
Distribuição	Verteilung
Eixo	Achse
Energia	Energie
Estabilidade	Stabilität
Estrutura	Struktur
Força	Stärke
Líquido	Flüssigkeit
Máquina	Maschine
Medição	Messung
Motor	Motor
Profundidade	Tiefe
Propulsão	Antrieb

Especiarias
Gewürze

Açafrão	Safran
Alcaçuz	Lakritze
Alho	Knoblauch
Amargo	Bitter
Anis	Anis
Azedo	Sauer
Baunilha	Vanille
Canela	Zimt
Cardamomo	Kardamom
Caril	Curry
Cebola	Zwiebel
Coentro	Koriander
Cominho	Kreuzkümmel
Doce	Süss
Funcho	Fenchel
Gengibre	Ingwer
Noz-Moscada	Muskatnuss
Pimenta	Pfeffer
Sabor	Geschmack
Sal	Salz

Esporte
Sport

Atleta	Athlet
Capacidade	Fähigkeit
Ciclismo	Radfahren
Corpo	Körper
Dançando	Tanzen
Dieta	Diät
Esportes	Sport
Força	Stärke
Jogging	Joggen
Maximizar	Maximieren
Metabólico	Metabolisch
Músculos	Muskel
Nutrição	Ernährung
Objetivo	Ziel
Ossos	Knochen
Programa	Programm
Resistência	Ausdauer
Saúde	Gesundheit
Treinador	Trainer

Família
Familie

Antepassado	Vorfahr
Avó	Grossmutter
Criança	Kind
Crianças	Kinder
Esposa	Ehefrau
Filha	Tochter
Infância	Kindheit
Irmã	Schwester
Irmão	Bruder
Marido	Ehemann
Materno	Mütterlich
Mãe	Mutter
Neto	Enkel
Pai	Vater
Paterno	Väterlich
Primo	Vetter
Sobrinha	Nichte
Sobrinho	Neffe
Tia	Tante
Tio	Onkel

Fazenda #1
Bauernhof #1

Abelha	Biene
Arroz	Reis
Água	Wasser
Bezerro	Kalb
Burro	Esel
Cabra	Ziege
Campo	Feld
Cavalo	Pferd
Cão	Hund
Cerca	Zaun
Corvo	Krähe
Feno	Heu
Fertilizante	Dünger
Frango	Huhn
Gato	Katze
Mel	Honig
Porco	Schwein
Rebanho	Herde
Terra	Land
Vaca	Kuh

Fazenda #2
Bauernhof #2

Agricultor	Bauer
Animais	Tiere
Celeiro	Scheune
Cevada	Gerste
Colmeia	Bienenstock
Cordeiro	Lamm
Fruta	Frucht
Irrigação	Bewässerung
Leite	Milch
Lhama	Lama
Maduro	Reif
Milho	Mais
Ovelha	Schaf
Pastor	Schäfer
Pato	Ente
Pomar	Obstgarten
Prado	Wiese
Trator	Traktor
Trigo	Weizen
Vegetal	Gemüse

Férias #2
Urlaub #2

Acampamento	Camping
Aeroporto	Flughafen
Destino	Ziel
Estrangeiro	Ausländer
Feriado	Urlaub
Fotos	Fotos
Hotel	Hotel
Ilha	Insel
Lazer	Freizeit
Mapa	Karte
Mar	Meer
Montanhas	Berge
Passaporte	Pass
Praia	Strand
Restaurante	Restaurant
Táxi	Taxi
Tenda	Zelt
Transporte	Transport
Viagem	Reise
Visto	Visum

Ficção Científica
Science Fiction

Atómico	Atomic
Cinema	Kino
Distante	Fern
Distopia	Dystopie
Explosão	Explosion
Extremo	Extrem
Fantástico	Fantastisch
Fogo	Feuer
Futurista	Futuristisch
Galáxia	Galaxie
Ilusão	Illusion
Imaginário	Imaginär
Livros	Bücher
Misterioso	Geheimnisvoll
Mundo	Welt
Oráculo	Orakel
Planeta	Planet
Robôs	Roboter
Tecnologia	Technologie
Utopia	Utopie

Filantropia
Philanthropie

Caridade	Nächstenliebe
Comunidade	Gemeinschaft
Contatos	Kontakte
Crianças	Kinder
Doar	Spenden
Finança	Finanzieren
Fundos	Mittel
Global	Global
Grupos	Gruppen
História	Geschichte
Honestidade	Ehrlichkeit
Humanidade	Menschheit
Juventude	Jugend
Missão	Mission
Necessidade	Brauchen
Objetivos	Ziele
Pessoas	Menschen
Programas	Programme
Público	Öffentlich

Física
Physik

Átomo	Atom
Caos	Chaos
Densidade	Dichte
Elétron	Elektron
Expansão	Expansion
Fórmula	Formel
Frequência	Frequenz
Gás	Gas
Gravidade	Schwerkraft
Leis	Gesetze
Magnetismo	Magnetismus
Massa	Masse
Mecânica	Mechanik
Molécula	Molekül
Motor	Motor
Nuclear	Nuklear
Partícula	Partikel
Químico	Chemisch
Relatividade	Relativität
Universal	Universal

Flores
Blumen

Buquê	Strauss
Dente-De-Leão	Löwenzahn
Gardênia	Gardenie
Girassol	Sonnenblume
Hibisco	Hibiskus
Jasmim	Jasmin
Lavanda	Lavendel
Lilás	Lila
Lírio	Lilie
Magnólia	Magnolie
Margarida	Gänseblümchen
Orquídea	Orchidee
Papoula	Mohn
Peônia	Pfingstrose
Pétala	Blütenblatt
Plumeria	Plumeria
Rosa	Rose
Trevo	Klee
Tulipa	Tulpe

Formas
Formen

Arco	Bogen
Canto	Ecke
Cilindro	Zylinder
Círculo	Kreis
Cone	Kegel
Cubo	Würfel
Curva	Kurve
Elipse	Ellipse
Esfera	Kugel
Hipérbole	Hyperbel
Lado	Seite
Linha	Linie
Oval	Oval
Pirâmide	Pyramide
Polígono	Polygon
Prisma	Prisma
Quadrado	Quadrat
Retângulo	Rechteck
Triângulo	Dreieck

Frutas
Obst

Abacate	Avocado
Abacaxi	Ananas
Amora	Brombeere
Baga	Beere
Banana	Banane
Cereja	Kirsche
Coco	Kokosnuss
Damasco	Aprikose
Figo	Feige
Framboesa	Himbeere
Kiwi	Kiwi
Laranja	Orange
Limão	Zitrone
Maçã	Apfel
Mamão	Papaya
Manga	Mango
Nectarina	Nektarine
Pera	Birne
Pêssego	Pfirsich
Uva	Traube

Geografia
Geographie

Altitude	Höhe
Atlas	Atlas
Cidade	Stadt
Continente	Kontinent
Hemisfério	Hemisphäre
Ilha	Insel
Latitude	Breite
Mapa	Karte
Mar	Meer
Meridiano	Meridian
Montanha	Berg
Mundo	Welt
Norte	Norden
Oceano	Ozean
Oeste	West
País	Land
Região	Region
Rio	Fluss
Sul	Süden
Território	Gebiet

Geologia
Geologie

Ácido	Säure
Camada	Schicht
Caverna	Höhle
Cálcio	Kalzium
Continente	Kontinent
Coral	Koralle
Cristais	Kristalle
Erosão	Erosion
Estalactite	Stalaktit
Estalagmites	Stalagmiten
Fóssil	Fossil
Lava	Lava
Minerais	Mineralien
Pedra	Stein
Platô	Plateau
Quartzo	Quarz
Sal	Salz
Terremoto	Erdbeben
Vulcão	Vulkan
Zona	Zone

Geometria
Geometrie

Altura	Höhe
Ângulo	Winkel
Cálculo	Berechnung
Círculo	Kreis
Curva	Kurve
Diâmetro	Durchmesser
Dimensão	Dimension
Equação	Gleichung
Horizontal	Horizontal
Lógica	Logik
Massa	Masse
Mediana	Median
Paralelo	Parallel
Proporção	Anteil
Segmento	Segment
Simetria	Symmetrie
Superfície	Oberfläche
Teoria	Theorie
Triângulo	Dreieck
Vertical	Vertikal

Governo
Regierung

Civil	Zivil
Constituição	Verfassung
Democracia	Demokratie
Discurso	Rede
Discussão	Diskussion
Dissidência	Dissens
Distrito	Bezirk
Estado	Staat
Igualdade	Gleichheit
Judicial	Justiziell
Justiça	Gerechtigkeit
Lei	Gesetz
Liberdade	Freiheit
Líder	Führer
Monumento	Denkmal
Nacional	National
Nação	Nation
Pacífico	Friedlich
Política	Politik
Símbolo	Symbol

Herbalismo
Kräuterkunde

Açafrão	Safran
Alecrim	Rosmarin
Alho	Knoblauch
Aromático	Aromatisch
Benéfico	Vorteilhaft
Estragão	Estragon
Flor	Blume
Funcho	Fenchel
Ingrediente	Zutat
Jardim	Garten
Lavanda	Lavendel
Manjericão	Basilikum
Manjerona	Majoran
Orégano	Oregano
Planta	Pflanze
Qualidade	Qualität
Sabor	Geschmack
Salsa	Petersilie
Tomilho	Thymian
Verde	Grün

Imigração
Einwanderung

Administração	Verwaltung
Adultos	Erwachsene
Ajuda	Hilfe
Aprovação	Genehmigung
Comunicação	Kommunikation
Crianças	Kinder
Estresse	Stress
Financiamento	Finanzierung
Fronteiras	Grenzen
Habitação	Gehäuse
Lei	Gesetz
Língua	Sprache
Negociação	Verhandlung
Oficial	Offizier
Prazo	Frist
Processo	Prozess
Proteção	Schutz
Situação	Situation
Solução	Lösung

Instrumentos Musicais
Musikinstrumente

Bandolim	Mandoline
Banjo	Banjo
Clarinete	Klarinette
Fagote	Fagott
Flauta	Flöte
Gaita	Mundharmonika
Gongo	Gong
Harpa	Harfe
Marimba	Marimba
Oboé	Oboe
Pandeiro	Tamburin
Percussão	Schlagzeug
Piano	Klavier
Saxofone	Saxophon
Tambor	Trommel
Trombone	Posaune
Trompete	Trompete
Violão	Gitarre
Violino	Geige
Violoncelo	Cello

Jardim
Garten

Ancinho	Rechen
Arbusto	Busch
Árvore	Baum
Banco	Bank
Cerca	Zaun
Ervas Daninhas	Unkraut
Flor	Blume
Garagem	Garage
Grama	Gras
Gramado	Rasen
Jardim	Garten
Lagoa	Teich
Maca	Hängematte
Mangueira	Schlauch
Pá	Schaufel
Pomar	Obstgarten
Solo	Boden
Terraço	Terrasse
Trampolim	Trampolin
Varanda	Veranda

Jardinagem
Gartenarbeit

Água	Wasser
Botânico	Botanisch
Buquê	Strauss
Clima	Klima
Comestível	Essbar
Composto	Kompost
Espécies	Art
Exótico	Exotisch
Flor	Blüte
Folha	Blatt
Folhagem	Laub
Mangueira	Schlauch
Pomar	Obstgarten
Recipiente	Container
Sazonal	Saisonal
Sementes	Saat
Solo	Boden
Sujeira	Schmutz
Umidade	Feuchtigkeit

Jazz
Jazz

Artista	Künstler
Álbum	Album
Bateria	Schlagzeug
Canção	Lied
Compositor	Komponist
Concerto	Konzert
Estilo	Stil
Ênfase	Betonung
Famoso	Berühmt
Favoritos	Favoriten
Gênero	Genre
Improvisação	Improvisation
Influências	Einflüsse
Música	Musik
Novo	Neu
Orquestra	Orchester
Ritmo	Rhythmus
Talento	Talent
Técnica	Technik
Velho	Alt

Literatura
Literatur

Analogia	Analogie
Análise	Analyse
Anedota	Anekdote
Autor	Autor
Biografia	Biographie
Comparação	Vergleich
Descrição	Beschreibung
Diálogo	Dialog
Estilo	Stil
Ficção	Fiktion
Metáfora	Metapher
Narrador	Erzähler
Opinião	Meinung
Poema	Gedicht
Poético	Poetisch
Rima	Reim
Ritmo	Rhythmus
Romance	Roman
Tema	Thema
Tragédia	Tragödie

Livros
Bücher

Autor	Autor
Aventura	Abenteuer
Coleção	Kollektion
Contexto	Kontext
Dualidade	Dualität
Escrito	Geschrieben
Épico	Episch
História	Geschichte
Histórico	Historisch
Inventivo	Erfinderisch
Leitor	Leser
Literário	Literarisch
Narrador	Erzähler
Página	Seite
Poema	Gedicht
Poesia	Poesie
Relevante	Relevant
Romance	Roman
Série	Serie
Trágico	Tragisch

Mamíferos
Säugetiere

Baleia	Wal
Camelo	Kamel
Canguru	Känguru
Castor	Biber
Cavalo	Pferd
Cão	Hund
Coelho	Hase
Coiote	Kojote
Elefante	Elefant
Gato	Katze
Girafa	Giraffe
Golfinho	Delfin
Gorila	Gorilla
Leão	Löwe
Lobo	Wolf
Macaco	Affe
Ovelha	Schaf
Raposa	Fuchs
Touro	Stier
Zebra	Zebra

Matemática
Mathematik

Aritmética	Arithmetik
Ângulos	Winkel
Circunferência	Umfang
Decimal	Dezimal
Diâmetro	Durchmesser
Equação	Gleichung
Expoente	Exponent
Fração	Bruchteil
Geometria	Geometrie
Números	Zahlen
Paralelo	Parallel
Perpendicular	Senkrecht
Polígono	Polygon
Quadrado	Quadrat
Raio	Radius
Retângulo	Rechteck
Simetria	Symmetrie
Soma	Summe
Triângulo	Dreieck
Volume	Volumen

Medições
Messungen

Altura	Höhe
Byte	Byte
Centímetro	Zentimeter
Comprimento	Länge
Decimal	Dezimal
Grama	Gramm
Grau	Grad
Largura	Breite
Litro	Liter
Massa	Masse
Metro	Meter
Minuto	Minute
Onça	Unze
Peso	Gewicht
Polegada	Zoll
Profundidade	Tiefe
Quilograma	Kilogramm
Quilômetro	Kilometer
Tonelada	Tonne
Volume	Volumen

Meditação
Meditation

Aceitação	Annahme
Acordado	Wach
Aprender	Lernen
Calmo	Ruhig
Clareza	Klarheit
Compaixão	Mitgefühl
Ensinamentos	Lehre
Felicidade	Glück
Gratidão	Dankbarkeit
Mental	Geistig
Mente	Verstand
Movimento	Bewegung
Música	Musik
Natureza	Natur
Paz	Frieden
Pensamentos	Gedanken
Perspectiva	Perspektive
Postura	Haltung
Respirando	Atmung
Silêncio	Stille

Mitologia
Mythologie

Arquétipo	Archetyp
Ciúmes	Eifersucht
Comportamento	Verhalten
Criação	Kreation
Criatura	Kreatur
Cultura	Kultur
Desastre	Katastrophe
Força	Stärke
Guerreiro	Krieger
Heroína	Heldin
Herói	Held
Labirinto	Labyrinth
Lenda	Legende
Mágico	Magisch
Monstro	Monster
Mortal	Sterblich
Relâmpago	Blitz
Triunfante	Triumphierend
Trovão	Donner
Vingança	Rache

Música
Musik

Álbum	Album
Balada	Ballade
Cantar	Singen
Cantor	Sänger
Clássico	Klassisch
Coro	Chor
Gravação	Aufnahme
Harmonia	Harmonie
Improvisar	Improvisieren
Instrumento	Instrument
Lírico	Lyrisch
Melodia	Melodie
Microfone	Mikrofon
Musical	Musical
Músico	Musiker
Ópera	Oper
Poético	Poetisch
Ritmo	Rhythmus
Rítmico	Rhythmisch
Tempo	Tempo

Natureza
Natur

Abelhas	Bienen
Abrigo	Schutz
Animais	Tiere
Ártico	Arktis
Beleza	Schönheit
Deserto	Wüste
Dinâmico	Dynamisch
Erosão	Erosion
Floresta	Wald
Folhagem	Laub
Geleira	Gletscher
Nevoeiro	Nebel
Nuvens	Wolken
Pacífico	Friedlich
Rio	Fluss
Santuário	Heiligtum
Selvagem	Wild
Sereno	Heiter
Tropical	Tropisch
Vital	Lebenswichtig

Negócios
Geschäft

Carreira	Karriere
Custo	Kosten
Desconto	Rabatt
Dinheiro	Geld
Economia	Wirtschaft
Empregado	Mitarbeiter
Empregador	Arbeitgeber
Empresa	Firma
Escritório	Büro
Fábrica	Fabrik
Finança	Finanzieren
Impostos	Steuern
Investimento	Investition
Loja	Geschäft
Lucro	Gewinn
Mercadoria	Ware
Moeda	Währung
Orçamento	Budget
Rendimento	Einkommen
Venda	Verkauf

Nutrição
Ernährung

Amargo	Bitter
Apetite	Appetit
Calorias	Kalorien
Carboidratos	Kohlenhydrate
Comestível	Essbar
Dieta	Diät
Digestão	Verdauung
Equilibrado	Ausgewogen
Fermentação	Fermentation
Líquidos	Flüssigkeiten
Molho	Sosse
Nutriente	Nährstoff
Peso	Gewicht
Proteínas	Proteine
Qualidade	Qualität
Sabor	Geschmack
Saudável	Gesund
Saúde	Gesundheit
Toxina	Toxin
Vitamina	Vitamin

Números
Zahlen

Cinco	Fünf
Decimal	Dezimal
Dez	Zehn
Dezesseis	Sechzehn
Dezessete	Siebzehn
Dezoito	Achtzehn
Dois	Zwei
Doze	Zwölf
Nove	Neun
Oito	Acht
Quatorze	Vierzehn
Quatro	Vier
Quinze	Fünfzehn
Seis	Sechs
Sete	Sieben
Treze	Dreizehn
Três	Drei
Um	Eins
Vinte	Zwanzig
Zero	Null

Oceano
Ozean

Atum	Thunfisch
Baleia	Wal
Barco	Boot
Camarão	Garnele
Caranguejo	Krabbe
Coral	Koralle
Enguia	Aal
Esponja	Schwamm
Golfinho	Delfin
Marés	Gezeiten
Medusa	Qualle
Ondas	Wellen
Ostra	Auster
Peixe	Fisch
Polvo	Krake
Recife	Riff
Sal	Salz
Tartaruga	Schildkröte
Tempestade	Sturm
Tubarão	Hai

Paisagens
Landschaften

Cascata	Wasserfall
Caverna	Höhle
Colina	Hügel
Deserto	Wüste
Geleira	Gletscher
Golfo	Golf
Iceberg	Eisberg
Ilha	Insel
Lago	See
Mar	Meer
Montanha	Berg
Oásis	Oase
Oceano	Ozean
Pântano	Sumpf
Península	Halbinsel
Praia	Strand
Rio	Fluss
Tundra	Tundra
Vale	Tal
Vulcão	Vulkan

Países #1
Länder #1

Alemanha	Deutschland
Brasil	Brasilien
Camboja	Kambodscha
Canadá	Kanada
Egito	Ägypten
Equador	Ecuador
Espanha	Spanien
Finlândia	Finnland
Iraque	Irak
Israel	Israel
Itália	Italien
Índia	Indien
Mali	Mali
Marrocos	Marokko
Nicarágua	Nicaragua
Noruega	Norwegen
Panamá	Panama
Polônia	Polen
Senegal	Senegal
Venezuela	Venezuela

Países #2
Länder #2

Albânia	Albanien
Dinamarca	Dänemark
França	Frankreich
Grécia	Griechenland
Haiti	Haiti
Indonésia	Indonesien
Irlanda	Irland
Jamaica	Jamaika
Japão	Japan
Laos	Laos
Líbano	Libanon
México	Mexiko
Nepal	Nepal
Nigéria	Nigeria
Paquistão	Pakistan
Rússia	Russland
Síria	Syrien
Somália	Somalia
Ucrânia	Ukraine
Uganda	Uganda

Pássaros
Vögel

Avestruz	Strauss
Águia	Adler
Cegonha	Storch
Cisne	Schwan
Corvo	Krähe
Cuco	Kuckuck
Flamingo	Flamingo
Frango	Huhn
Gaivota	Möwe
Ganso	Gans
Garça	Reiher
Ovo	Ei
Papagaio	Papagei
Pardal	Spatz
Pato	Ente
Pavão	Pfau
Pelicano	Pelikan
Pinguim	Pinguin
Pombo	Taube
Tucano	Toucan

Pesca
Angeln

Água	Wasser
Barbatanas	Flossen
Barco	Boot
Brânquias	Kiemen
Cesta	Korb
Cozinhar	Kochen
Equipamento	Ausrüstung
Exagero	Übertreibung
Fio	Draht
Gancho	Haken
Isca	Köder
Lago	See
Mandíbula	Kiefer
Oceano	Ozean
Paciência	Geduld
Peso	Gewicht
Praia	Strand
Rio	Fluss
Temporada	Jahreszeit

Plantas
Pflanzen

Arbusto	Busch
Árvore	Baum
Baga	Beere
Bambu	Bambus
Botânica	Botanik
Cacto	Kaktus
Erva	Kraut
Feijão	Bohne
Fertilizante	Dünger
Flor	Blume
Flora	Flora
Floresta	Wald
Folhagem	Laub
Grama	Gras
Hera	Efeu
Jardim	Garten
Musgo	Moos
Pétala	Blütenblatt
Raiz	Wurzel
Vegetação	Vegetation

Profissões #1
Berufe #1

Advogado	Rechtsanwalt
Alfaiate	Schneider
Artista	Künstler
Astrônomo	Astronom
Atleta	Athlet
Banqueiro	Bankier
Bombeiro	Feuerwehrmann
Caçador	Jäger
Cartógrafo	Kartograph
Dançarino	Tänzer
Editor	Editor
Embaixador	Botschafter
Encanador	Klempner
Geólogo	Geologe
Joalheiro	Juwelier
Marinheiro	Seemann
Músico	Musiker
Pianista	Pianist
Psicólogo	Psychologe
Veterinário	Tierarzt

Profissões #2
Berufe #2

Agricultor	Bauer
Astronauta	Astronaut
Bibliotecário	Bibliothekar
Biólogo	Biologe
Cirurgião	Chirurg
Dentista	Zahnarzt
Engenheiro	Ingenieur
Filósofo	Philosoph
Fotógrafo	Fotograf
Ilustrador	Illustrator
Inventor	Erfinder
Investigador	Forscher
Jardineiro	Gärtner
Jornalista	Journalist
Linguista	Linguist
Médico	Arzt
Piloto	Pilot
Pintor	Maler
Professor	Lehrer
Zoólogo	Zoologe

Química
Chemie

Alcalino	Alkalisch
Ácido	Säure
Calor	Hitze
Carbono	Kohlenstoff
Catalisador	Katalysator
Cloro	Chlor
Elementos	Elemente
Elétron	Elektron
Enzima	Enzym
Gás	Gas
Hidrogênio	Wasserstoff
Íon	Ion
Líquido	Flüssigkeit
Molécula	Molekül
Nuclear	Nuklear
Orgânico	Organisch
Oxigénio	Sauerstoff
Peso	Gewicht
Sal	Salz
Temperatura	Temperatur

Restaurante # 2
Restaurant #2

Almoço	Mittagessen
Aperitivo	Vorspeise
Água	Wasser
Bebida	Getränk
Bolo	Kuchen
Cadeira	Stuhl
Colher	Löffel
Delicioso	Köstlich
Especiarias	Gewürze
Fruta	Frucht
Garçom	Kellner
Garfo	Gabel
Gelo	Eis
Jantar	Abendessen
Legumes	Gemüse
Macarrão	Nudeln
Peixe	Fisch
Sal	Salz
Salada	Salat
Sopa	Suppe

Roupas
Kleidung

Avental	Schürze
Blusa	Bluse
Calça	Hose
Camisa	Hemd
Casaco	Mantel
Chapéu	Hut
Cinto	Gürtel
Colar	Halskette
Jaqueta	Jacke
Jeans	Jeans
Luvas	Handschuhe
Meias	Socken
Moda	Mode
Pijama	Schlafanzug
Pulseira	Armband
Saia	Rock
Sandálias	Sandalen
Sapato	Schuh
Suéter	Pullover
Vestido	Kleid

Saúde e Bem-Estar #1
Gesundheit und Wellness #1

Altura	Höhe
Ativo	Aktiv
Bactérias	Bakterien
Clínica	Klinik
Doutor	Arzt
Farmácia	Apotheke
Fome	Hunger
Fratura	Fraktur
Hábito	Gewohnheit
Hormones	Hormone
Medicina	Medizin
Nervos	Nerven
Ossos	Knochen
Pele	Haut
Postura	Haltung
Reflexo	Reflex
Relaxamento	Entspannung
Terapia	Therapie
Tratamento	Behandlung
Vírus	Virus

Saúde e Bem-Estar #2
Gesundheit und Wellness #2

Alergia	Allergie
Anatomia	Anatomie
Apetite	Appetit
Caloria	Kalorie
Corpo	Körper
Dieta	Diät
Digestão	Verdauung
Doença	Krankheit
Energia	Energie
Genética	Genetik
Higiene	Hygiene
Hospital	Krankenhaus
Humor	Stimmung
Infecção	Infektion
Massagem	Massage
Peso	Gewicht
Recuperação	Recovery
Sangue	Blut
Saudável	Gesund
Vitamina	Vitamin

Tecnologia
Technologie

Arquivo	Datei
Blog	Blog
Bytes	Bytes
Câmera	Kamera
Computador	Computer
Cursor	Cursor
Dados	Daten
Digital	Digital
Estatísticas	Statistik
Fonte	Schriftart
Internet	Internet
Mensagem	Nachricht
Navegador	Browser
Pesquisa	Forschung
Segurança	Sicherheit
Software	Software
Tela	Bildschirm
Virtual	Virtuell
Vírus	Virus

Tempo
Zeit

Agora	Jetzt
Ano	Jahr
Antes	Vor
Anual	Jährlich
Calendário	Kalender
Década	Jahrzehnt
Dia	Tag
Futuro	Zukunft
Hoje	Heute
Hora	Stunde
Manhã	Morgen
Meio-Dia	Mittag
Mês	Monat
Minuto	Minute
Momento	Moment
Noite	Nacht
Ontem	Gestern
Relógio	Uhr
Semana	Woche
Século	Jahrhundert

Tipos de Cabelo
Haartypen

Branco	Weiss
Brilhante	Glänzend
Cachos	Locken
Careca	Kahl
Cinza	Grau
Colori	Farbig
Encaracolado	Lockig
Fino	Dünn
Grosso	Dick
Loiro	Blond
Longo	Lang
Marrom	Braun
Ondulado	Wellig
Prata	Silber
Preto	Schwarz
Saudável	Gesund
Seco	Trocken
Suave	Weich
Trançado	Geflochten
Tranças	Zöpfe

Universo
Universum

Asteróide	Asteroid
Astronomia	Astronomie
Astrônomo	Astronom
Atmosfera	Atmosphäre
Celestial	Himmlisch
Céu	Himmel
Cósmico	Kosmisch
Equador	Äquator
Galáxia	Galaxie
Hemisfério	Hemisphäre
Horizonte	Horizont
Latitude	Breite
Longitude	Längengrad
Lua	Mond
Órbita	Orbit
Solar	Solar
Solstício	Sonnenwende
Telescópio	Teleskop
Visível	Sichtbar
Zodíaco	Tierkreis

Vegetais
Gemüse

Abóbora	Kürbis
Aipo	Sellerie
Alcachofra	Artischocke
Alho	Knoblauch
Batata	Kartoffel
Beringela	Aubergine
Brócolis	Brokkoli
Cebola	Zwiebel
Cenoura	Karotte
Chalota	Schalotte
Cogumelo	Pilz
Ervilha	Erbse
Espinafre	Spinat
Gengibre	Ingwer
Nabo	Rübe
Pepino	Gurke
Rabanete	Rettich
Salada	Salat
Salsa	Petersilie
Tomate	Tomate

Veículos
Fahrzeuge

Ambulância	Krankenwagen
Avião	Flugzeug
Balsa	Fähre
Barco	Boot
Bicicleta	Fahrrad
Caminhão	Lkw
Caravana	Wohnwagen
Carro	Auto
Foguete	Rakete
Furgão	Van
Helicóptero	Hubschrauber
Jangada	Floss
Lambreta	Roller
Metrô	U-Bahn
Motor	Motor
Ônibus	Bus
Pneus	Reifen
Submarino	U-Boot
Táxi	Taxi
Trator	Traktor

Xadrez
Schach

Aprender	Lernen
Branco	Weiss
Campeão	Champion
Concurso	Wettbewerb
Diagonal	Diagonal
Estratégia	Strategie
Jogador	Spieler
Jogo	Spiel
Oponente	Gegner
Passivo	Passiv
Pontos	Punkte
Preto	Schwarz
Rainha	Königin
Regras	Regeln
Rei	König
Sacrifício	Opfer
Tempo	Zeit
Torneio	Turnier

Parabéns

Conseguiu!

Esperamos que tenha gostado tanto deste livro como nós gostamos de o desenhar. Esforçamo-nos por criar livros da mais alta qualidade possível.
Esta edição foi concebida para proporcionar uma aprendizagem inteligente, de qualidade e divertida!

Gostou deste livro?

Um simples pedido

Estes livros existem graças às críticas que publica.
Pode ajudar-nos, deixando agora uma revisão?

Aqui está um pequeno link para
a sua página de revisão:

BestBooksActivity.com/Avaliacoes50

DESAFIO FINAL!

Desafio n° 1

Está pronto para o seu jogo grátis? Usamo-los a toda a hora, mas não são tão fáceis de encontrar - aqui estão os **Sinônimos!**
Escreva 5 palavras que encontrou nos puzzles (n° 21, n° 36, n° 76) e tente encontrar 2 sinónimos para cada palavra.

Escreva 5 palavras de *Puzzle 21*

Palavras	Sinônimo 1	Sinônimo 2

Escreva 5 palavras de *Puzzle 36*

Palavras	Sinônimo 1	Sinônimo 2

Escreva 5 palavras de *Puzzle 76*

Palavras	Sinônimo 1	Sinônimo 2

Desafio n° 2

Agora que já aqueceu, escreva 5 palavras que encontrou nos Puzzles (n° 9, n° 17 e n° 25) e tente encontrar 2 antônimos para cada palavra. Quantos se podem encontrar em 20 minutos?

Escreva 5 palavras de **Puzzle 9**

Palavras	Antônimo 1	Antônimo 2

Escreva 5 palavras de **Puzzle 17**

Palavras	Antônimo 1	Antônimo 2

Escreva 5 palavras de **Puzzle 25**

Palavras	Antônimo 1	Antônimo 2

Desafio n° 3

Óptimo! Este desafio final não é nada para si.

Pronto para o desafio final? Escolha 10 palavras que tenha descoberto nos diferentes puzzles e escreva-as abaixo.

1.	6.
2.	7.
3.	8.
4.	9.
5.	10.

Agora escreva um texto a pensar numa pessoa, num animal ou num lugar de seu agrado.

Pode utilizar a última página deste livro como um rascunho.

A Sua Composição:

_____

_____

_____

_____

_____

_____

_____

_____

_____

_____

_____

CADERNO DE NOTAS:

ATÉ BREVE!

A equipa Inteira

DESCUBRA JOGOS GRATUITOS

GO

↓

BESTACTIVITYBOOKS.COM/FREEGAMES